W0029646

ullstein

Das Buch

Die moderne Welt kann für ältere Menschen manchmal sehr verwirrend sein. Doch eine resolut-charmante Dame lässt sich davon nicht beirren: die 81 Jahre junge Mathilde Jägers. Wenn sie doch einmal etwas nicht versteht, greift sie zu einem vernachlässigten Kommunikationsmittel: Per Brief bringt sie von ihrer heimischen Schreibmaschine aus Institutionen, Firmen und Politiker in Erklärungsnot: Wie kann es sein, dass ihrer Enkeltochter in diesem seltsamen Lovoo nicht endlich mal der adrette Sohn des heimischen Polstermöbelfabrikanten angetragen wird?! Was für eine Unverschämtheit, dass Chefkoch.de ihr geheimes Käsekuchenrezept geklaut hat! Dieser höchst unterhaltsame Briefwechsel umfasst über sechzig Briefe und Antworten – sowie eine kleine Auswahl der besten unbeantworteten Briefe.

Die Autorin

Mathilde Jägers, 81, gibt es eigentlich gar nicht. Sie ist das herzensgute Alter Ego eines Redakteurs vom *Zeit Magazin* in Berlin.

Mathilde Jägers

Eine alte Frau ist doch kein WLAN!

Die kuriosen Briefe von
Oma Mathilde

ULLSTEIN

Besuchen Sie uns im Internet:
www.ullstein-taschenbuch.de

Originalausgabe im Ullstein Taschenbuch
1. Auflage Dezember 2017
2. Auflage 2017
© Ullstein Buchverlage GmbH, Berlin 2017
Mitarbeit: Isabel Canet-Völker und Lisa Strunz
Umschlaggestaltung: zero-media.net, München
Titelabbildung: © FinePic®, München
Satz: KompetenzCenter, Mönchengladbach
Gesetzt aus der Adobe Caslon
Druck und Bindearbeiten: CPI books GmbH, Leck
ISBN 978-3-548-37715-5

Vorwort Mathilde

Alles fing mit meinem Ehemann an, Hans-Hermann Stolze heißt er. Der hatte vor vier Jahren damit begonnen, ziemlich unsinnige Briefe zu verschicken. Typisch Rentner eben. Facebook zum Beispiel hatte er gefragt, ob er auch ohne Internet Mitglied in ihrem Club werden dürfe.

Was viele damals nicht wussten: Ich hatte meinem Mann dabei geholfen. Anfangs habe ich ihm nur erklärt, wie er mit der Schreibmaschine zurechtkommt. Später habe ich ihm auch schon mal Tipps gegeben, an wen er noch so schreiben könnte.

Und wie Hans-Hermann so seine Briefe verfasst hat, dachte ich mir: Ich könnte doch auch mal selbst einen schreiben. Ich hatte da schon die Idee, dem Deutschen Fußballbund zu schreiben, damit der zum Erhalt eines geregelten Ehelebens Bundesligaspiele wieder ausschließlich samstags stattfinden lässt und nicht über die ganze Woche verteilt. Hans-Hermann sagte damals nur: Nee, nee, lass mal.

Das habe ich mir natürlich nicht bieten lassen, also auf lange Zeit gesehen! Also fing ich an, heimlich selbst Briefe zu schreiben zu den Themen, die mir so am Herzen liegen. An Chefkoch.de, das Café Kranzler und an Lovoo, was so eine Art Partnerbörse aus Deutschland ist, wie ich mir das von meinen Enkeln habe erklären lassen. Ich habe sowieso ein ausgezeichnetes Verhältnis zu meinen Enkeln. Mich interessiert immer, was die so Neues erleben, und ich möchte auf gar keinen Fall zum alten Eisen gehören, sondern Schritt halten mit der modernen Zeit. Hätte ich denn sonst an den Techno-Club Berghain in Berlin geschrieben, ob sie mich und meine Freundinnen dort empfangen könnten? Nur manchmal ist es eben doch nicht ganz so einfach mit der modernen Welt, das mit dem WLAN habe ich zum Beispiel noch nicht so ganz begriffen. Wann ist es jetzt umsonst, und wer kann es kriegen? Wobei: Etwas fitter als Hans-Hermann bin ich schon. Dass er damals nicht wusste, wie Facebook funktioniert. Lächerlich!

Meine Schreibmaschine ist auch wesentlich moderner als die von meinem Mann. Ich bin da, muss ich zugeben, auch ein wenig stolz drauf. Die Maschine kann sich sogar merken, welchen Buchstaben ich zuletzt getippt habe – und ihn dann mit einem Korrekturband wieder verschwinden lassen. Trotzdem übersehe ich im Eifer des Gefechts natürlich ab und an einen Fehler. Wenn man so richtig schön in Tipplaune ist, kann einem das schon mal passieren, also mir zumindest. Sie, liebe Leserinnen und Leser, werden das sicherlich bemerken. Sehen Sie es mir bitte nach. So unmodern ist das ja auch nicht: Von meinen Enkeln weiß ich, dass die sich bei ihrem WhatsApp auch schon mal vertippen.

Insgesamt habe ich rund 120 Briefe verschickt.

Ungefähr die Hälfte der Briefe wurde beantwortet. Bei allen, die sich die Mühe machten, mir zu schreiben, möchte ich mich bedanken. Und mich schon heute dafür entschuldigen, dass Sie auf meinen kleinen Scherz hereingefallen sind.

Eine Firma hat mich übrigens erwischt. Sie werden den Brief sicher finden. Falls Sie sich fragen, wie sie das hingekriegt hat: Sie hat besonders fleißig gegoogelt. Ich lerne das übrigens auch gerade. Toll, was man da so alles findet!

Am Ende habe ich natürlich auch Hans-Hermann eingeweiht. Er hat ja auch mitbekommen, dass plötzlich so viele Briefe im

Briefkasten waren. Er hat sich dann aber doch für mich gefreut.
Ein toller Ehemann!

Der Deutsche Fußballbund hat mir leider bis heute nicht ge-
antwortet. Die Spiele finden auch immer noch die ganze Woche
über statt. Hans-Hermann findet das ganz gut so. Ich nicht.

Viele Grüße,
Ihre Mathilde Jägers

Mathilde Jägers

Gehnbachstr. 219

66386 St. Ingbert

Kraftfahrt-Bundesamt

Förderstr. 16

24944 Flnsburg

Sehr geehrte Damen und Herren!

St. Ingbert, den 27. Mai 2017

Im Radio haben sie vor einigen Tagen gebracht,
daß neuerdings bei der Autofahrt nur noch 0,5
Kamille erlaubt sind. Da ich eine regelmäßige Tee-
Trinkerin bin, insbesondere und gerade auch der
von der Kamille, hat mich diese Nachricht doch aufgeschreckt. Durch wie viele Teetassen wird dieser
Wert erreicht? Ist von einer halben Tasse auszu-
gehen? Und gilt das Ganze, ähnlich wie beim Alkohol,
nur wenn man selber fährt oder ist es auch beim
Mitfahren ein Problem? Selbst fahre ich nämlich
kaum noch.
Mit meiner Freundin habe ich die Sache auch disktutiert
und sie glaubt, die Regelung sei in KRaft getreten,
weil man durch den Tee ja öfter auf die Toilette muss
und dadurch gegebenenfalls eine Behinderung oder Ge-
fährung des Autoverkehrs darstellt. Liegt sie mit
ihrer Vermutung richtig?

Mit herzlichem Dank für nähere Auskünfte

Kraftfahrt-Bundesamt

Kurzbrief

Kraftfahrt-Bundesamt • 24932 Flensburg

Frau
Mathilde Jägers
Gehnbachstraße 219
66386 St. Ingbert

Ihr Zeichen / Ihre Nachricht vom:

Bei Antwort bitte angeben:
ST1-310/002#003-2017
Ansprechpartner(in):

Telefon:
Telefax:
E-Mail:
@kba.de

Datum: 22. April 2016

Diesen Kurzbrief übersende ich mit der Bitte um

☒ Kenntnisnahme ☐ Rückgabe ☐ Preisangebot ☐ Weiterleitung an:
☐ Stellungnahme ☐ Erledigung ☐ weitere Veranlassung ☐
☐ Prüfung ☐ Teilnahme ☐ Rücksprache/Ihren Anruf ☐ Anlagen:

Presse- und Öffentlichkeitsarbeit des Kraftfahrt-Bundesamtes
- Bürgeranfrage

Sehr geehrte Frau Jägers,

für Ihre Anfrage danke Ich Ihnen. Sie erkundigen sich, ob es analog der Promillegrenze nun auch eine Kamillegrenze gibt. Gerne gebe ich Ihnen Antwort.
Von einer „Kamillegrenze" ist hier nichts bekannt. Eine Begrenzung des Konsums von Kamillentee vor dem Hintergrund einer eventuellen Beeinträchtigung der Fahrtüchtigkeit kann von dieser Seite daher nicht bestätigt werden.
Genießen Sie Ihren Tee daher weiterhin in gesundem Maße.

Mit freundlichen Grüßen

im Auftrag

Presse- und Öffentlichkeitsarbeit im Kraftfahrt-Bundesamt

Dienstsitz:	Telefon:	Telefax:	E-Mail:	Internet:	Konto:
Fördestraße 16 24944 Flensburg	0461 316-0	0461 316-1650 oder -1495	kba@kba.de	www.kba.de	Deutsche Bundesbank, Filiale Hamburg IBAN: DE18 2000 0000 0020 0010 66 BIC: MARKDEF1200

Mathilde Jägers Kamillegrenze/09.06.2017/IS

Mathilde Jägers

Gehnbachstr. 219

66386 St. Ingbert

An

Chefkoch GmbH

Rheinwerk 3

Josef-Schumpeter-Allee 33

53227 Bonn

St. Ingbert, den 12.3.2017

Sehr geehrte Damen und Herren,

mit einigem Schrecken habe ich feststellen
müssen, daß ein auf Ihrer Internetseite sich
befindlicher Käsekuchen vom Rezept her ein-
deutig eigentlich in unserem Familienbesitz
befindet. Es handelt sich dabei um den Käsekuchen "klassisch" vom Verfasser "nudelliebe"
Die Mengenangaben decken sich dabei exakt
mit dem Rezept, das bereits meine Mutter
benutzt hat, die es wiederum von ihrer Mutter
hatte. Ich weiß nicht, wie das Rezept zu
Ihnen bzw. "nudelliebe" gelangt ist. Mir
liegen handschriftliche Rezeptbücher vor, die
alles belegen. Daher bitte ich zu prüfen, ob
hier eine Urherverletzung stattgefunden hat
und umgehend den wahren Urheber, also unsere
Familie, zu nennen statt "nudelliebe".

Mit freundlichen Grüßen

Chefkoch GmbH Joseph-Schumpeter-Allee 33 D-53227 Bonn Germany

Chefkoch GmbH

Telefon + 49 (0) 228 / 28 66 95 0
Telefax +49 (0) 22820 76 78 30

Sehr geehrte Frau Jägers,

vielen Dank für Ihren Brief.

Ich habe bereits versucht Sie telefonisch zu kontaktieren, leider ohne Erfolg.
Aus diesem Grunde antworte ich Ihnen nun etwas verspätet mit diesem Brief.

Um Ihre Aussage prüfen zu können, benötigen wir eine Kopie des von Ihnen genannten Rezeptes, welches aus Ihrem Familienbesitz stammt.

Nach ausführlicher Prüfung werden wir dann, insofern die von Ihnen getätigte Aussage eine Übereinstimmung mit dem Rezept von der Userin „nudelliebe" zeigt, das Rezept aus unserer Datenbank entfernen.

Leider können wir Ihre Familie nicht als Urheber eintragen lassen, da wir ja selber nicht die Rezepte hochladen, sondern dies die User/Rezepteinsteller auf unserer Seite vornehmen. Daher würden wir es dann unwiderruflich löschen.

Bitte haben Sie Verständnis dafür, dass uns erst eine Kopie des von Ihnen genannten Rezeptes vorliegen muss, bevor wir weitere Schritte tätigen.

Gerne können Sie sich auch telefonisch mit mir für weitere Absprachen in Verbindung setzen (0228 – 28669 – ███, oder via E-Mail (███████@chefkoch.de).

Sollten Sie uns die Kopie via Brief zukommen lassen, schreiben Sie bitte zusätzlich zu der Chekfoch GmbH Anschrift auch „zu Händen ███████████", damit der Brief mich auf dem schnellsten Wege erreicht.

Bitte teilen Sie mir dort auch ein Mal Ihre Telefonnummer mit, auf der Sie zu erreichen sind, falls von unserer Seite aus Rückfragen bestehen.

Bis dahin sende ich Ihnen viele sonnige Grüße aus Bonn,

Community Managerin

Chefkoch GmbH
Joseph-Schumpeter-Allee 33
53227 Bonn

Tel. +49 (0)2 28 / 28 66 95 0

www.chefkoch.de
info@chefkoch.de

Geschäftsführung:
Martin Meister, Arne Wolter

Sitz der Gesellschaft: Bonn

HRB 18761, Amtsgericht Bonn

Steuernr. 01/665/1764/8
Ust.-Ident.-Nr.: DE814066656

Bankverbindung:
Deutsche Bank Hamburg
BLZ 20070000 Kto 33081100

IBAN: DE69 2007 0000 0033 0811 00
BIC: DEUTDEHH

Mathilde Jägers

Gehnbachstr. 219

66386 St. Ingbert

An die Deutsche Bahn

Stephensonstraße 1

60326 Frankfurt am Main

Sehr geehrte Damen und Herren,

hiermit wende ich mich direkt an Sie persön-

lich, da es mich in der letzten Zeit zu-

nehmend geärgert hat, wie schwierig es

doch ist an Fahrscheine zu kommen. Einmal

werden Sie bei Lidl verkauft, dann wieder bei

Rewe und auch einmal bei Tschibo. Das ist wir-

klich schwer im Auge zu behalten, wobei ich

mich mit meinen 82 Jahren als rüstig beschrei-

ben würde und ich nicht weiß, ob ältere

Menschen, die ja die Eisenbahn brauchen, nicht

noch mehr Probleme damit haben. Daher möchte

ich beantragen, daß Sie Ihre Fahrscheine wied-

er ganz normal am Schalter am Bahnhof verkauf

en. Das würde die Sache erheblich verinfachen.

Mit freundlichen Grüßen

DB Fernverkehr AG • Postfach 10 06 13 • 96058 Bamberg

Frau
Mathilde Jägers
Gehnbachstr. 219
66386 St. Ingbert

DB Fernverkehr AG
Kundendialog
Postfach 10 06 13
96058 Bamberg
www.bahn.de

Telefon 0180 6 996633*
www.bahn.de/kontakt
Zeichen 1-71095647163

23. März 2017

Ihr Hinweis zu unseren Vertriebswegen

Sehr geehrte Frau Jägers,

vielen Dank für Ihr Schreiben vom 15. März 2017.

Zu besonderen Anlässen oder in Zusammenarbeit mit Partnerunternehmen werben wir zusätzlich mit zeitlich befristeten Spezialangeboten für die Deutsche Bahn.

Anders als der Flexpreis sind solche Aktionsangebote mit besonderen Nutzungsbestimmungen verknüpft und teilweise mengenmäßig begrenzt. Außerdem richten sie sich unter Umständen an spezielle Kundengruppen, die wir neu für uns gewinnen oder stärker an uns binden möchten.

Sie können weiterhin Ihre Fahrkarte am Bahnhof im Reisezentrum St. Ingbert, Neue Bahnhofstraße 4 in 66386 St. Ingbert kaufen.

Wir freuen uns, wenn wir Sie bei Ihrer nächsten Reise durch unsere Leistungen überzeugen können.

Mit freundlichen Grüßen
Im Auftrag

Leiterin Kundendialog

P.S.: Für Ihre Anregungen, Lob und Kritik sind wir jederzeit gern unter 0180 6 996633* für Sie da. Einen persönlichen Ansprechpartner erreichen Sie rund um die Uhr mit der Auswahl 3 (Kundendialog) im Hauptmenü.

*20 ct/Anruf aus dem Festnetz, Tarif bei Mobilfunk max. 60 ct/Anruf

DB Fernverkehr AG	Vorsitzender	Vorstand:	Dr. Kai Brüggemann
Sitz Frankfurt am Main	des Aufsichtsrates:	Birgit Bohle,	Wolfgang Heinrichs
Registergericht	Berthold Huber	Vorsitzende	Dr. Michael Peterson
Frankfurt am Main			Heinz Siegmund
HRB 83 173			
USt-IdNr.: DE 260656754			

Mathilde Jägers

Gehnbachstr. 219

66386 St. Ingbert

Bundesnetzagentur für Elektrizitätz, Gas, Post und

Eisenbahnen

Tulpenfeld 4

53113 Bonn

St. Ingbert/Saar, den 20.05.2017

Sehr geehrte Damen und Herren!

Ich persönlich hätte ja nach all den Jahren den Strom
nicht mehr gewechselt in meiner Wohnung, aber ich habe
mich von meiner Tochter breitschlagen lassen - und nun
haben wir wahrscheinlich den Salat! Darum ergeht auch dieses
Schreiben an Sie. Es geht um Folgendes:
Nach vielen Jahren mit dem normalem Strom von den
Stadtwerken habe ich nun erstmals anderen Strom von
einer auswärtigen Firma bekommen. Und seither spielt
in meiner Wohnung alles verrückt! Zuerst ging der Vi-
deorekorder kaputt, der zuvor anstandslos gelaufen war.
Dann der Toaster und das Bügeleisen. Ich kann von Glück
sprechen, daß ich Ihnen überhaupt noch mit der leketrischen
Schreibmaschine schreiben kann!
Aber es blieb ja nicht nur bei den rätselhaften Defekten.
Auch meine Zimmerpflanzen gehen, seit ich den neuen Strom
hab, reihenweise ein. Und sogar mein KAter litt neulich
unter rätselhaften Magen-Darm-Beschwerden. Die Sache ist
noch nicht ganz ausgestanden. Mir selbst geht es soweit
noch gut. Aber es ist klipp und klar, daß da etwas nicht

stimmt. Meine Freundinnen haben mich auf die Idee gebracht, daß vielleicht Atomstrom, von dem man ja weiß, daß er nicht gut für die Gesundheit ist, die Ursache sein könnte. Von außen ist es für mich schwer zu erkennen, ob der neue Strom ein solcher ist. Daher bitte ich Sie dringend, mir einen Ihrer Techniker vorbei zu schicken, damit die das einmal austesten. Gegebenfalls möchte ich dann gleich an Ort und Stelle zum alten Strom zurückwechseln.

Mit freundlichen Grüßen

Bundesnetzagentur

Bundesnetzagentur • Postfach 80 01 • 53105 Bonn

Frau
Mathilde Jägers
Gehnbachstr. 219
66386 St. Ingbert

Ihr Zeichen, Ihre Nachricht vom	Mein Zeichen, meine Nachricht vom	☎	Datum
	VSE-170609019	030 22 480 – 500	13.06.2017

Antwortschreiben VSE-170609019

Sehr geehrte Frau Jägers,

vielen Dank für Ihr Schreiben vom 20.05.2017 an den Verbraucherservice Energie der Bundesnetzagentur.

Sie schildern mir besondere Vorfälle (defekte Elektrogeräte, gesundheitliche Probleme, usw.) und vermuten, dass Ihr kürzlich durchgeführter Lieferantenwechsel dafür ursächlich ist.

<u>**Ich kann Sie beruhigen. Der Lieferantenwechsel ist mit Sicherheit nicht der Grund.**</u>

Der Strom, der bei Ihnen aus der Steckdose kommt, ist immer noch derselbe.
Dies mag für Sie im ersten Augenblick unglaublich klingen. Gerne möchte ich Ihnen dies erklären.

Stellen Sie sich das Stromnetz als großen See vor. In diesen See fließen mehrere Bäche (Stromerzeuger), die alle eine unterschiedliche Wasserqualität (Strom aus Wind, Sonne, Biomasse, Kernkraft, Kohle, usw.) haben. Sämtliches Wasser (Strom) fließt also in den gleichen See, in dem sich das Wasser (Strom) aller Bäche (Stromerzeuger) vermischen.

Aus den Steckdosen der Verbraucher, die in diesem Beispiel am Rande des Sees sitzen, fließt folglich der gleiche Strommix, egal für welchen Lieferanten Sie sich entschieden haben.

Ich hoffe, ich konnte Ihnen mit diesen Informationen weiterhelfen.

Mit freundlichen Grüßen
Im Auftrag

Ihr Verbraucherservice Energie

Bundesnetzagentur für Elektrizität, Gas, Telekommunikation, Post und Eisenbahnen	Telefax Bonn (02 28) 14-88 72	E-Mail poststelle@bnetza.de Internet http://www.bundesnetzagentur.de	Kontoverbindung Bundeskasse Trier BBk Saarbrücken (BLZ 590 000 00) Konto-Nr. 590 010 20
Behördensitz: Bonn Tulpenfeld 4 53113 Bonn ☎ (02 28) 14-0			

Mathilde Jägers

Gehnbachstr. 219

66386 St. Ingbert

An

LOVOO GmbH

Prager Str. 10
01069 Dresden

St. Ingbert/ Saar, den 19.3.2017

Sehr geehrte Damen und Herren!

Ich schreibe Ihnen heute wegen meiner jünsten Enklin

Jasmin Jägers, die in Berlin wohnt und, wie ich aus sicher

Quelle erfahren habe, sich bei Ihrer Partnerschaftsvermittlung
                angemeldet hat. Ich habe mich auch erkundigt,

wie das Ganze bei Ihnen funktioniert übers Handy nämlich

etc. und daß einem da in kürzester Zeit viele Männer

praktisch angeboten werden. Sie werden verstehen, daß

ich mir Sorgen mache als Großmutter!

Wenn Sie auch mal Enkelkinder haben, werden Sie wissen,

was ich meine. Es ist ja nicht so, daß wir nicht auch

mal jung waren - aber, naja. Darum geht es jetzt auch nicht

in erster Linie. Stattdessen kam mir eine Idee, wie

man aus der Not eine Tugend machen könnte! Es gibt

nämlich einen sehr interssanten jungen Heeren, den ich

schon mal im Auge für Jasmin hatte. Aber damals hat sie

so gar nicht reagiert auf meinen Vorschlag. Dabei istr

der Mann, um den es geht, wirklich eine gute PArtät und

anständig erzogen ist er auch. Seine Eltern haben hier

im Saarland eine kleine Polstermöbelfabrik, und prak-

tischerweise studiert er auch in Berlin. So kam

ich auf die Idee und das wäre nun meine Bitte an Sie,

daß Ihr Programm diesen jungen Herren meiner Enkelin

besonders oft als geeigneten Partner vorschlägt.

Vielleicht ja noch mit einer besonders guten Punkte-

zahl oder ähnlichem. Daher gebe ich Ihnen vertraulich

den Namen des Gemeinten: Florian Marquardt, er müsste

jetzt 26 Jahre alt sein, meine Enkelin ist 24.

Falls Sie Herrn Marquardt nicht in der Datei haben,

geben Sie mir bitte umgehend bescheid, denn da müsste

ich ggf. meine Kontakte spielen lassen. Soweit ich

weiß, ist er nämlich an meiner Enkelin nicht uninteressiert.

(was im Übrigen auch kein Wunder ist).

Auf diese Weise könnte sich die Sache, die mir wirklich

schon einige schlaflose Nächte brei   bereitet hat,

zum Guten wenden. Ich rechne und vertraue auf Ihre

fruchtbare Zusammenarbeit mit mir.

Mit freundlichen Grüßen

Liebe Frau Jägers,

vielen lieben Dank für Ihren Brief und dass Sie sich die Mühe gemacht haben, uns zu schreiben.

Jasmin kann sich glücklich schätzen, eine so tolle Großmutter zu haben. Ich finde es lobenswert, dass Sie sich so um Ihre Enkelin sorgen und Ihnen ihr Wohl am Herzen liegt. So geht es wohl jeder Großmutter. Schließlich ist es heutzutage gar nicht mehr so leicht, die Enkelkinder unter die Haube zu bringen.

Ich kann Ihnen aber versichern, dass Sie sich bezüglich Jasmin und ihrer Anmeldung bei LOVOO keine Sorgen machen müssen.

Wir sind keine Partnerschaftsvermittlung, wie Sie sich das vielleicht vorstellen. Vielmehr bieten wir unseren Mitgliedern die Möglichkeit, Leute aus Ihrer Umgebung kennenzulernen - per Handy. Was früher der Tanztee war, ist heute LOVOO. Wer nicht tanzen möchte, muss das auch nicht. Bei uns entscheidet jeder selbst, an wem er Interesse hat.

Auch, wenn Herr Florian Marquardt sicher eine gute Partie für Jasmin ist: Die Privatsphäre unserer Mitglieder und der Schutz Ihrer Daten sind uns heilig. Wir können nicht beeinflussen, wem welche Partnervorschläge gemacht werden. Und wir können auch nicht beeinflussen, für wen sich Jasmin letztlich entscheidet. Das liegt ganz allein an ihr.

Ich würde Ihnen dennoch sehr gern helfen. Vielleicht finden wir gemeinsam eine Lösung, um dem Glück von Jasmin und Florian auf die Sprünge zu helfen?

Sie können mich gern unter der Nummer +49 170 ▉▉▉▉ anrufen.

Viele Grüße aus Dresden,

Mitgründer LOVOO

Mathilde Jägers

Gehnbachstr. 219

66386 St. Ingbert

AfD Saar

Herr Josef Dörr

In der Galgendell 53

66117 Saarbrücken

St. Ingbert, den 19. 05. 2107

Sehr geehrter Herr Dörr!

Unter dem Motto "Wir backen zurück" veranstalten wir,

sieben Frauen aus St. Ingbert, die sich in der Flücht-

lingshilfe engagieren, im August einen ganz besonderen

Tag. Das genaue Datum steht noch nicht fest, wohl aber

die Eckdaten der Aktion: Bisher war es ja so, vor allem,

am Anfang der "Flüchtlingskrise", daß wir den Geflüchteten

Kuchen vorbeigebracht haben. Inzwischen wurden wir

sooft von Frauen (aber auch von Männern!) ange-

sprochen, daß man ja mal den Spieß umdrehen und sie für

uns Deutsche backen. Daraus entstand wiederum die Idee,

daß wir damit auch ein Zeichen gegen Rassismus setzen

könnten. Daher wollen wir, gemeinsam mit den Geflüchteten

an diesem Tag im ganzen Saarland Menschen, die ein Pro-

blem mit Ausländern/ GEflüchteten haben, einen frisch

gebackenen Kuchen nach einem original Rezept aus den

Heimatländern vorbeibringen. Wir bringen auch Kaffee

und Geschirr mit, Sie sollen sich um nichts kümmern

müssen! Schön, wäre, wenn Sie sich zirka eine halbe

Stunde bis Stunde für den Besuch Zeit nehmen könnten.
Sie dürfen uns auch Hinweise geben, welche Arten von
Kuchen Sie besonders mögen (eher trockenen/ Obstkuchen/
Torte/ oder keine Präferenzen).
Bislang ist von uns nicht angedacht, daß Presse o.ä.
zu dem Termin mitkommt, so daß es wirklich ein zwischen-
menschliches Ereignis, eine echte Begegnung sein soll.
Bislang haben wir noch keine weiteren Personen an-
gesprochen, Sie sind der Erste auf unserer Liste der
Wunschkandidaten. Teilen Sie uns doch bitte bis spä-
testens zum 15. Juni 2017, gerne auch schon früher
mit, ob Sie für unseren Aktionstag zur Verfügung stehen.

Wenn Sie unter bestimmten Allergien leiden (Nuss, Pis-
tazie o.ä), bitte ich Sie, uns dies ebenfalls bereits mit-
zu teilen.

Mit freundlichen Grüßen

Alternative für Deutschland Landesverband Saarland

Landesvorsitzender Josef Dörr Saarbrücken, den 11.06.2017
In der Galgendell 53
66117 Saarbrücken

Mathilde Jägers
Gehnbachstr. 219
66386 St.Ingbert

Sehr geehrte Frau Jägers,

vielen Dank für Ihre Einladung vom 19.05.17.
Gerne nehme ich Ihre Einladung an und komme zu der im August stattfindenden Veranstaltung.

Geben Sie mir bitte zu gegebener Zeit nähere Informationen zur Veranstaltung.

Mit freundlichen Grüßen

Josef Dörr

Mathilde Jägers

Gehnbachstr. 219

66386 St. Ingbert

Deutscher Skatverband e-V

Markt 10

04600 Altenburg

St.Ingbert/Saar, den 18.3.2017

Sehr geehrte Damen und Herren!

Ich schreibe Ihnen gewissermaßen mit einer dringlichen
Bitte, wobei es um meinen Mann Hans-Hermann, geb. 1938,
geht, der eigentlich ein leidenschaftlicher Skatspieler
ist. Nun besteht aber aktuell das Problem, daß er sich
zum wiederholten Mali Mal mit einem seiner Skatbrüder
so sehr in die Haare gekriegt hat, daß eine weitere
Teilnahme am Skatabend unmöglich ist. Für mich ist das
auch recht unangenehm, da mixr mir der Mittwochabend
immer wichtig war, als er mir "aus den Füßen" war. Nun
hockt er mittwochs auf dem Sofa und ist besonders gröes-
grämig. Daher suche ich recht dringend eine neue Skat-
runde für ihn. Können Sie mir vielleicht eine empfehlen,
die mit "schwierigen Kandidaten"/Besserwissern gut
klarkommt? Da ich auch noch Auto fahre, könnte ich ihn
bringen und wieder abholen, so etwa im Umkreis von 20
Kilometern. Vielleicht haben Sie die Möglichkeit in
Ihren Skatclubs einmal rundzufragen, ob sie ihn aufnehmen könnten. Dafür bin ich Ihnen schon heute sehr
dankbar.

Mit freundlichen Grüßen

D · S · K · V

Deutscher Skatverband e.V. – Markt 10 – 04600 Altenburg

Frau
Mathilde Jägers
Gehnbachstr. 219
66386 St. Ingbert

Deutscher Skatverband e.V.
Geschäftsstelle

Markt 10
04600 Altenburg

Tel. 03447 – ████
Fax. 03447 – ████
Email. geschaeftsstelle@dskv.de

3. April 2017

Ihr Schreiben vom 18.03.2017, erhalten am 03.04.2017

Liebe Frau Jägers!

Ihr Schreiben, mit der für mich verständlichen Bitte um Hilfe, habe ich heute erhalten und ich möchte gerne helfen.

Als Anlage habe ich vier Vereinsanschriften beigefügt, mit Ansprechpartner – Telefonnummer – Spiellokal – Spieltag.

Ob Ihr Mann dort „aufgenommen wird" sollte einfach mal durch einen Gastbesuch getestet werden.

Ich hoffe Ihnen geholfen zu haben und verbleibe

mit freundlichen Grüßen aus Altenburg.

Deutscher Skatverband e.V.

Deutscher Skatverband - Sitz: Altenburg, Thüringen
Bankverbindung: Sparkasse Altenburger Land: BLZ 83050200, Konto Nr. 1111016190
IBAN: DE20 8305 0200 1111 0161 90 SWIFT-BIC: HELADEF1ALT
oder VR Bank Altenburger Land, BLZ 83065408, Konto Nr. 1605305
IBAN: DE32 8306 5408 0001 6053 05 SWIFT-BIC: GENODEF1SLR
Besuchen Sie uns im Internet unter www.dskv.de

Mathilde Jaegers

Gehnbachstr. 219

66386 St. Ingbert

Ministerium für Familie, Frauen, Jugend, Integration und

Verbraucherschutz des LAndes Rheinland-Pfalz

z. Hd. Herrn Miguel Vicente

Beauftragter für Migration und Integration

Kaiser-Friedrich-Str. 5a

55116 Mainz

St. Ingbert, den 5. Mai 2017

Sehr geehrter Herr Beauftragter für Migtration und Integration
!

Hiermit wende ich mich vertrauensvoll und auch hilfe-
suchend an Sie, da ich beschlossen habe, wenn auch im
Alter von 83 Jahren, noch nach Rheinlanmd-Pfalz auszu-
wandern. Mein Entschluß hierzu ist unumstößlich. Daher möchte ich bei der Ausweise bzw. Wiedereingliederung
in das neue Bundesland nichts falsch machen. Unbe-
kannt ist mir zum jetztigen Zeitpunkt etwa, wie lange
der Antrag auf Ausreise/Einreise bearbeitet werden
wird und wie ich den exakt stellen muss bei welche Behörde.
Teilen Sie mir dieses doch bitte mit. Teilen Sie mir
bitte außerdem mit, wie die Eingliederung in der neuen
Heimant von statten gehen wird. Ich hatte dabei an den
Raum Landstuhl gedacht, da ich diese Ecke von früher noch
gut kenne. Wird mir eine Wohnung zugewiesen oder kann ich
selbst auch aussuchen?
Der Grund für meinen unumstößlichen Entschluß, das
Saarland zu verlassen, ist im Privaten zu suchen. Es

geht dabei insbesondere um meine Schwester, mit der ich schon mehree Jahre lang kein Auskommen mehr finde und um die nicht mehr auch nur zufällig zu treffen, ich die Ausreise für unumgänglich halte. Natürlich wird mir einiges nicht leicht fallen, da die Mentalitäten in der Pfalz sich von denen im Saarland um einiges, wenn nicht gar Essentiell unterscheiden. Umso froger war ich, als ich erfahren habe, daß es in Ihnen eine Stelle gibt, die sich meinem,"Fall" gewissermaßen annimmt.

Ich schlage vor, Sie senden mir vorerst alle erforderlichen Unterlagen, die ich dann auszufüllenm gerne bereit bin.
Ich bedanke mich bereits heute für alle Hilfen
Mit freundlichen Grüßen

MINISTERIUM FÜR FAMILIE,
FRAUEN, JUGEND, INTEGRATION
UND VERBRAUCHERSCHUTZ

Ministerium für Familie, Frauen, Jugend, Integration und Verbraucherschutz
Kaiser-Friedrich-Straße 5a | 55116 Mainz

Frau
Mathilde Jaegers
Gehnbachstr. 219
66386 St. Ingbert

Der Beauftragte der
Landesregierung für Migration
und Integration

Kaiser-Friedrich-Straße 5a
55116 Mainz
Telefon 06131 16-0
Telefax 06131 16- 2644
Mail: poststelle@mffjiv.rlp.de
www.mffjiv.rlp.de

Mainz, Mai 2017

Mein Aktenzeichen	Ihr Schreiben vom	Ansprechpartner/-in / E-Mail	Telefon / Fax
BLMI	5. Mai 2017		06131 16 - 06131 1617 -

Ihr Schreiben vom 5. Mai 2017

Sehr geehrte Frau Jaegers,

vielen Dank für Ihre Anfrage, die gerne beantworte, obwohl sie nicht in meinen Zuständigkeitsbereich fällt.

Ich kann Sie beruhigen: Wenn Sie die deutsche Staatsbürgerschaft besitzen, können Sie in Deutschland umziehen wohin immer Sie wollen. Sie suchen sich in der Stadt oder Gemeinde, die Sie ausgewählt haben, einfach eine Wohnung und melden sich dann bei der Stadtverwaltung oder Gemeindeverwaltung an. Das ist völlig problemlos. Falls Sie weitere Fragen haben, hilft Ihnen das Einwohnermeldeamt in St. Ingbert bestimmt gerne weiter.

(Und nach meiner Erfahrung unterscheidet sich die Mentalität der Pfälzer nicht so sehr von der der Saarländer.

Ich wünsche Ihnen viel Erfolg!

Mit freundlichen Grüßen

Mathilde Jägers

Gehnbachstr. 219

66386 St. Ingbert

Dietz GmbH

Decorstr. 10

76307 Karlsbad

St. Ingbert, den 13.6.2017

Sehr geehrte Damen und Herren!

Ich muß mich wirklich wundern über die Farbge-
staltung und das Design der Rollatoren, die in
Deutschland auf dem Markt sind und die Sie ja zum
großen Teil herstellen. Ich liebäugele schon seit
einer geraumen Zeit mit der Anschaffung eines solchen Geräts. Aber weil sie so häßlich sind, habe
ich es bislang nicht übers Herz gebracht, mir einen
solchen zu kaufen. Man wird damit auf der Straße
ja gesehen! Dabei heißt es immer, 70 sei das neue 60
und die Alten werden immer jünger, gehen ins Internet (ich jetzt nicht, aber andere schon) und dann
so was! Solange Sie nicht bereit sind, ein"fancy"
Modell zu präsentieren, gerne in den Modefarben
pink, neon oder türkis, wie sie auch bei den Jungen
beliebt sind, weigere ich mich, mir einen Rollator
von Ihnen zu kaufen. Das ist jetzt auch eine kleine
Erpressung, aber ohne Druck pasiert halt mal gar
nichts auf der Welt!
In der Hoffnung auf bald gute Nachrichten aus Ihrem
Haus, verbleibe ich mit freundlichen Grüßen Mathilde Jägers

DIETZ GmbH Reha-Produkte · Reutäckerstr 12 · 76307 Karlsbad

Frau
Mathilde Jägers
Gehnbachstr.219

66386 St.Ingbert

Es schreibt Ihnen	Durchwahl	Email	Datum
			14. Juni 2017

Ihr Schreiben vom 13.06.2017

Sehr geehrte Frau Jägers,

wir freuen uns von Ihnen, einer junggebliebenen Seniorin, ein Schreiben erhalten zu haben, die keinen „dunklen Rollator durch die Gegend schieben will".

Selbstverständlich nehmen wir dazu Stellung:
Da alle Rollatoren vor der Zulassung durch sicherheitstechnische Prüfungen müssen und vor allen Dingen, bestanden werden müssen, ist die Formgebung - die für die Stabilität verantwortlich ist - kaum veränderbar.

Bei der Farbpalette wurde schon die eine oder andere Farbe zugefügt.
Damit Sie dies ohne Internetzugang sehen können, haben wir Ihnen Broschüren unserer TAiMA-Serie beigelegt, die schon die neuen Farben enthalten.

Jedoch sind die meisten Zuschriften von Verbrauchern: „ob man das nicht doch in gedeckteren Farben herstellen kann". Sie sind da wirklich eine Ausnahme. ☺
Zu bestellen sind alle Rollatoren über den Sanitätsfachhandel.

Wir hoffen Ihnen damit etwas weitergeholfen zu haben und verbleiben

mit freundlichen Grüßen

Assistenz der Geschäftsleitung

DIETZ GmbH Telefon: +49 7248 91 86 - 0 Sparkasse Pforzheim Calw · Konto 742 899 (BLZ 666 500 85) Geschäftsführer:
Reha-Produkte Telefax: +49 7248 91 86 - 86 IBAN: DE77 6665 0085 0000 7428 99 · BIC: PZHSDE66XXX Rolf Stutz · Maximilian Raab
Reutäckerstr. 12 E-Mail: info@dietz-reha.de Commerzbank AG · Konto 227 302 700 (BLZ 660 400 18) Amtsgericht Mannheim HRB 362292
76307 Karlsbad Internet: www.dietz-reha.de IBAN: DE13 6604 0018 0227 3027 00 BIC: COBADEFFXXX USt.-IdNr: DE 812781415

Mathilde Jägers

Gehnbachstr. 219

66386 St. Ingbert

Saar-Forst Landesbetrieb

Von der Heydt 12

66116 Saarbrücken

St. Ingbert, den 23.3.2017

Sehr geehrte Damen und Herren!

Hiermit schreibe ich Ihnen wegen der Wald-Renaturierung,
die derzeit überall im Wald vor sich zu gehen scheint.
Seit einiger Zeit ist es mir aufgefallen, daß es
bei uns im Wald sehr unordendlich aussieht und ich
habe mich schon gewundert. Letzten Sonntag habe ich
dann beim Spaziergang die Ursache erfahren: Die
Renaturierung ist schuld daran. Jetzt liegen also die
alten Baumstämme kreuz und quer im Wald herum. Nicht
nur, daß es nicht schön aussieht: Wichtiger scheint mir
doch die Botschaft an die Jugend zu sein. Wie soll ich
meinen Enkeln klarmachen, daß sie ihr Zimmer aufräumen
müssen, wenn wir Erwachsene nicht mal den Wald aufräumen!
Ich bitte Sie daher dringlich, die Renaturierung des
saarländischen Waldes zu überdenken und eine Art
RE-Re-Naturierung einzuleiten.

Mit freundlichen Grüßen

SaarForst Landesbetrieb Von der Heydt 12 66115 Saarbrücken

Frau
Mathilde Jägers
Gehnbachstraße 219

66386 St. Ingbert

GB 1.1 Waldbewirtschaftung, Naturschutz

Az.:
Ansprechpartner: ▊▊▊▊▊▊, FOI
Tel.: 0681/9712- ▊▊
Fax: 0681/9712- ▊▊
E-Mail: ▊▊▊▊@sfl.saarland.de

Saarbrücken, den 04.04.2017

Ihr Schreiben vom 23.03.2017

Sehr geehrte Frau Jägers,

zunächst möchte ich Ihnen für Ihren Brief herzlich danken.
Natürlich können wir Sie verstehen, wenn Sie finden, dass der Wald etwas „unordentlich" aussieht, wenn Äste oder Rinde, manchmal sogar Baumstämme und Baumkronen nach einem Holzeinschlag im Wald liegen bleiben.
Doch dafür gibt es gute Gründe.
Was liegen bleibt bietet vielen Lebewesen Kost und Logis und ist für die Bäume sehr wertvoll.
Die dünnen Teile des Baumes, die im Wald liegen bleiben, werden von holzabbauenden Pilzen, Kleintieren und Bakterien in Totholz und später in Humus umgewandelt. Humus besteht also zu einem großen Teil aus Nährstoffen, die der Baum für sein Wachstum benötigt hat. Wenn Äste, Holzreste, Blätter und Nadeln verrotten, stehen diese Nährstoffe dem Wald wieder zur Verfügung. Damit ist der Kreislauf der Nährstoffe geschlossen.
Ganz bewusst werden bei der Holzernte nicht alle Teile eines Baumes entnommen. Denn mit den dünnen Ästen, Nadeln und Blättern verbleiben viele wertvolle Nährstoffe im Wald, die für neue Bäume und Pflanzen wichtig sind. In einem Baum befindet sich der größte Teil der Nährstoffe in den Blättern und Nadeln sowie in der Rinde. Im Holz selber gibt es sehr viel weniger Nährstoffe, dafür Hohlräume und Wasser. Bei Zweigen ist der Anteil an Rinde sehr groß. Deshalb enthalten Zweige viel mehr Nährstoffe als der Stamm.
Es sieht vielleicht nicht so schön aus, wenn Stämme und Äste nach einem Holzschlag noch im Wald liegen, doch dies ist wichtig für den Wald.

Mit freundlichen Grüßen,

Forstoberinspektor

Betriebsleiter:	Ltd. FD H.-A. Letter	**Sie finden**	Bankverbindung
		Nachhaltigkeit	Saar LB
USt.-ID:	DE 152 317 240	**modern?**	Konto Nr.: 200 224 48
Betr.-Steuer-Nr.:	040 144 00 414		BLZ: 590 500 00
		Wir auch –	IBAN-Nr.:
		seit 300 Jahren.	DE 66 5905 0000 0020 0224 48
		FORSTWIRTSCHAFT IN DEUTSCHLAND	BIC: SALADE55XXX

35

Mathilde Jägers

Gehnbachstr. 219

66386 St. Ingbert

DRK Kliniken Berlin

Klinik für Innere Medizin

Schwerpunkt Pneumologie und Schlafmedizin

Drontheimer Str. 39-40

13359 Berlin

St. Ingbert, Saar, den 18.4.2007

Sehr gehrte Damen und Herren,

die nachfolgend geschilderte Angelegenheit bitte ich
vertraulich zu behandeln. Es geht um meinen Mann, der
ein notorischer und hoffnungsloser Schnarcher ist. Wir
haben schon alle Maßnahmen für ihn durch. Das Schlimme
ist, daß er nicht das geringste Verständnis hat, wie
störends sein Lkaut Laut-(!)Schnarchen für mich ist.
Er sagt, ein ordentlicher Mann schnarche nun mal.
Daher habe ich mich nach langem Zögern beschlossen, ihm
dahingegend eine kleine Lektion zu erteilen, daß ich
auch einmal schnarche! Damit er weiß, wie es ist! Leider
weiß ich nicht, wie es mir gelingen kann, mit dem
Schnarchen anzufangen und wäre daßer für ein paar Tips
sehr dankbar. Wenn nötig, könnte ich zur weiteren Be-
speechung der Angelegenheit auch in Ihr Schlaflabor
nach Berlin kommen, da ich dort auch eine Cousine wohnenn
habe, Einstweilen herzlichen Dank, mit freundlichen Grüßen

Deutsches Rotes Kreuz

DRK Kliniken Berlin | Mitte, Drontheimer Straße 39 - 40, 13359 Berlin

Akademisches Lehrkrankenhaus der
Charité - Universitätsmedizin Berlin

Frau
Mathilde Jägers
Gehnbachstr. 219
66386 St. Ingbert

Berlin, 10.05.2017

Klinik für Innere Medizin
Schwerpunkt
Pneumologie und Schlafmedizin

Zentrale Notaufnahme

Palliativmedizin

Sehr geehrte Frau Jägers,

Prof Dr. med.
Chefarzt

herzlichen Dank für Ihren Brief.

Die Störung Ihrer Nachtruhe durch das Schnarchen eines Mitmenschen ist bedauerlich. Es ist keineswegs zutreffend, dass „ein ordentlicher Mann schnarche" – das Symptom des Schnarchens kann vielmehr mit nächtlichen Atemaussetzern und Sauerstoffversorgungsproblemen in der Nacht einhergehen. Diese Veränderungen können gefährlich sein.
Grundsätzlich ist deshalb zu empfehlen, bei ausgeprägtem Schnarchen eine Schlafuntersuchung durchführen zu lassen, um die Ausprägung des Problems und ggf. schlafbezogene Atmungsstörungen zu entdecken.

Zentrale:
Telefon:
Fax:
E-Mail:
pneumologie-mitte@drk-kliniken-berlin.de

Drontheimer Straße 39 - 40
13359 Berlin

www.drk-kliniken-berlin.de

Bedauerlicherweise können wir Ihnen bei dem Anliegen, das Schnarchen zu erlernen nicht helfen, erlernen kann man das nicht.

Ich hoffe, Ihnen ein wenig geholfen zu haben und bleibe mit freundlichen Grüßen

Prof. Dr. med.
Chefarzt

Deutsches Rotes Kreuz Schwesternschaft Berlin Gemeinnützige Krankenhaus GmbH
Amtsgericht Charlottenburg HRB 9899 | Steuer-Nummer 27/027/32505
Aufsichtsratsvorsitzender Alfred Dänzer
Geschäftsführung Dr. Christian Friese, Michael Hoffmann
Deutsche Bank AG BIC/SWIFT: DEUTDEBBXXX, IBAN: DE34 1007 0000 0853 3580 00
Bank für Sozialwirtschaft BIC/SWIFT: BFSWDE33BER, IBAN: DE08 1002 0500 0003 1303 00

Mathilde Jägers

Gehnbachstr. 219

66386 St. Ingbert

An

Manuela Schwesig

Bundesministerin für Familie, Senioren und Frauen

Glinkstr. 24

10117 Berlin

Sehr geehrte Frau Ministerin!

Ich sende Ihnen die herzlöichsten Grüße aus dem
saarländischen St. Ingbert, aber es gibt auch etwas
zu kritisieren: Daß Sie eine Scheidungsquote befür-
worten, stößt bei mir persönlich bitter auf! Obwohl ich Ihre Partei immer gewählt und unterstützt
habe.
Bestimmt ist nicht jede Ehe glücklich und ich finde
es gut, daß Frauen und Männer sich heutzutagescheiden
lassen können. Ich kann von Eheproblemen ja selbst
mein Liedchen singen. Aber wem nützt es denn, wenn
Sie eine feste Quote von 40 Prozent einführen? Soweit ich weiß, liegt die Quote heute bei 30 Prozent.
Bestimmt gibt es immer noch Ehepaare, wo sich die Frau
nicht traut, sich scheiden zu lassen. Aber die
Quote staatlich zu erhöhen, setzt meiner Meinung nach
ein falsches Zeichen an die Jüngeren. Auch ist
mir schleierhaft, wie Sie die Quote konkret in die Tat
umsetzen wollen.
Bitte überdenken Sie diese Maßnahme! Unsere Generation
hat es anders gelernt, mit Eheproblemen umzugehen. MfG

Bundesministerium für Familie, Senioren, Frauen und Jugend, 11018 Berlin

Frau
Mathilde Jägers
Gehnbachstr. 219
66386 St. Ingbert

Service –Team

BEARBEITET VON
HAUSANSCHRIFT Glinkastraße 24, 10117 Berlin
POSTANSCHRIFT 11018 Berlin
TEL +49 (0)30 201 791 30-
FAX +49 (0)3018 555 4400-
E-MAIL info@bmfsfjservice.bund.de
INTERNET www.bmfsfj.de

ORT, DATUM Berlin, den 30.05.2017

Frauenquote

Sehr geehrte Frau Jägers,

Frau Bundesministerin Manuela Schwesig dankt für Ihr Schreiben. Aufgrund der Vielzahl der Zuschriften ist es der Ministerin leider nicht möglich, alle Anfragen selbst zu beantworten. Sie hat uns daher gebeten, Ihnen zu antworten.

Eine Quote für Scheidungen soll nicht eingeführt werden.

In den letzten Wochen war häufig die Rede von der Frauenquote, die auf 40% erhöht werden soll. Dabei handelt es sich um den Anteil von Frauen in den Aufsichtsräten der 200 größten Unternehmen in Deutschland, der Ende 2014 laut Managerinnen-Barometer des Deutschen Instituts für Wirtschaftsforschung (DIW) 18,4 Prozent betrug. In den Vorständen dieser Unternehmen betrug er nur 5,4 Prozent Frauen.

Für Aufsichtsräte von Unternehmen, die börsennotiert sind und der paritätischen Mitbestimmung unterliegen, gilt seit 2015 Folgendes:

Servicetelefon: 030 20179130
Telefax: 03018 555 4400
E-Mail: info@bmfsfjservice.bund.de

VERKEHRSANBINDUNG U2-Mohrenstr.;U6-Stadtmitte;U55-Brandenb.Tor
Bus:TXL,100,200 Unter den Linden/Friedrichstr.
S-Bahn:S1,S2,S25 Brandenburger Tor

Der Aufsichtsrat muss sich zu mindestens 30 Prozent aus Frauen und zu mindestens 30 Prozent aus Männern zusammensetzen. Diese Mindestquote gilt grundsätzlich für den gesamten Aufsichtsrat als Organ (Gesamterfüllung).

Die Erhöhung dieser Quote auf 40% wurde diskutiert.

Die Bundesfamilienministerin wird sich auch künftig für die Belange der Familien in allen gesellschaftlichen Lebensbereichen nachdrücklich einsetzen. Wir hoffen, Sie werden die politische Entwicklung weiterhin aufmerksam und kritisch verfolgen und dürfen Ihnen für Ihren Beitrag nochmals danken.

Mit freundlichen Grüßen

i.A. Ihr Service-Team

Mathilde Jägers

Gehnbachstr. 219

66386 St. Ingbert

Bad Reichenhaller

Südwestdeutsche Sallzwerke AG

Salzgrund 67

74076 Heilbronn

St. Ingbert, den 2.6.2017

Sehr geehrte Damen und Herren!

Zum Hintergrund muß ich sagen, daß ich manche Lebensmittel auf Vorrat kaufe und zwar dann, wenn sie im
Angebot sind, so auch Salz. Und als ich nun vorige
Woche ein frisches Paket "Alpen JodSalz" von Ihnen
anbrach, stellte ich fest, daß auf der Rückseite ein
Gewinnspiel ("Gewinnen Sie 1 von 55 Thermomix") an-
gepriesen wurde, das bereits am 31.10.2013 seinen Ein-
sendeschluß hatte. Wie Sie sich vorstellen können, war
das zu lesen natürlich sehr ärgerlich für mich. Mir
ist bewußt, daß ich die Überschreitung der Frist mit selbst
verursacht habe. Aber andererseits müssen Sie als Hersteller nicht verderblicher Ware ja auch damit rechnen,
daß Ihre Kunden langfristig haushalten. Daher würde ich
doch darum bitten, mich'rückwirkend noch an dem Gewinnspiel teilnehmen zu lassen, zumal meine Schwieger-
tochter schon länger nach einer solchen Küchenmaschine
"schielt". Sicher gibt es noch mehr Kunden, die das
gleiche Problem wie ich monierten, dann könnten Sie
ja unter allen denen 1 oder 2 weitere Küchenmaschinen

verlosen – je nachdem, wie viele neue Mitspieler
es dann gibt.

Ansonsten kann ich Ihnen zur Teilnahmeberechtigung
mitteil/en, daß mein Wohnsitz in Deutschland ist,
daß ich über 18 Jahre alt bin und daß niemand aus
meiner Familie bei Ihrer Firma arbeitet.

Mit freundlichen Grüßen

Südwestdeutsche Salzwerke AG · Postfach 31 61 · 74021 Heilbronn

Mathilde Jägers
Gehnbachstr. 219
66386 St. Ingbert

Name:
Tel.: +49 7131 959-
Fax: +49 7131 959-
E-Mail:
@salzwerke.de
Datum: 13.06.2017

Ihr Schreiben vom 02.06.2017

Sehr geehrte Frau Jägers,

vielen Dank für Ihr Schreiben, das wir am 13.06.2017 erhalten haben.
Der Aktionszeitraum unseres Thermomix -Gewinnspiels war von 01.04.2013 bis 31.10.2013 und ist somit längst abgeschlossen. Es wird auch keine nachträgliche Verlosung mehr geben. Wir achten bei unseren Gewinnspielen immer darauf, dass der Teilnahmezeitraum nicht zu lange geht. Die Verbraucher möchten zeitnah ihre Gewinne bekommen. Die Teilnahme an einem Gewinnspiel bei dem die Verlosung erst Jahre später stattfindet, halten wir nicht für attraktiv. Zumal sich die Teilnehmer dann nicht mehr daran erinnern können und Ihr Gewinnpaket nicht annehmen oder längst eine neue Adresse haben.

Bei unseren Gewinnspielen mit Sammelcoupons können die Verbraucher das Salz in ein Vorratsgefäß umfüllen und können so zeitnah die Coupons ausschneiden und einsenden – auch wenn das Salz noch nicht aufgebraucht ist.

Bitte haben Sie Verständnis dafür, dass wir sie nicht wie gewünscht rückwirkend an der Verlosung teilnehmen lassen können. Gerne senden wir Ihnen anbei ein kleines Kochbuch, Rezeptkarten und ein paar Produktproben.

Wir wünschen Ihnen weiterhin viel Spaß beim Kochen und Backen mit Bad Reichenhaller.

Mit freundlichen Grüßen
Südwestdeutsche Salzwerke AG

Marketingabteilung

Südwestdeutsche Salzwerke AG	Tel.: +49 7131 959-0	Bankverbindung:	Sitz der Gesellschaft: Heilbronn
Salzgrund 67	info@salzwerke.de	Kreissparkasse Heilbronn	Amtsgericht Stuttgart HRB 100644, USt-IdNr. DE145763527
74076 Heilbronn	www.salzwerke.de	IBAN: DE60 6205 0000 0000 0003 09	Aufsichtsratsvorsitzender: Oberbürgermeister Harry Mergel
		BIC/SWIFT: HEISDE66XXX	Vorstand: Ulrich Fluck (Sprecher), Wolfgang Rüther

44

Mathilde Jägers

Gehnbachstr. 219

66386 St. Ingbert

Aok-Kosmetik

Henkel

Henkelstr. 67

40589 Düsseldorf

St. Ingbert, den 25.6.2017

Sehr geehrte Damen und Herren!

Schon fast seit einer halben Ewigkeit benutze ich
Ihre Haut-Pflegeprodukte. Ich kenne wirklich fast dio
ganze Palette, wobei es mir insbesondere der Seesand
Peeling sehr angetan hat. Aber das nur um ein Beispiel
zu nennen!

Das Problem:

Mein Sohn hat mich kürzlich bei einer neuen Krankenkasse
angemeldet, "Techniker Krankenkasse" heißt sie. Nun
könnte ich im Drogerieladen weiterhin so tun, als sei
ich bei der AOK, da die ja nicht nach meiner Karte fragen.
Aber verunsichert hat mich das natürlich schon. Sollte
ich nicht am besten doich schnell wieder zur Aok zurückwechseln? Ehrlich gesagt hätte ich das schon längst
getan, ichweiß nur leider nicht, wie es geht, da mein
Sohn alles für mich eingefädelt hat. Vielleicht können
Sie mich ja aus der misslichen Lage befreien, da ich auf
Ihre Produkte nicht verzichten will!

Danke für Ihre Hilfe. Mit freundlichen Grüßen

Schwarzkopf & Henkel GmbH, 40191 Düsseldorf, Deutschland

Frau
Mathilde Jägers
Gehnbachstr. 219
66386 St. Ingbert

Datum / Date	13.07.2017	Abteilung / Dept.	Henkel Beauty Care Verbraucher-Service
Ihre Nachricht / Your message	7/5/2017 11:35 AM	Telefon / Phone	0800 38 38 838 (gebührenfrei)
		Telefax / Fax	0211 798 2387
		E-Mail / E-mail	cosmetics@henkel.com

Unser Zeichen: CS201707-000664

Sehr geehrte Frau Jägers,

Vielen Dank für Ihr Schreiben. Ich freue mich sehr, dass Sie gerne unsere Produkte der Marke „Aok" verwenden.

Unsere Marko „Aok" steht in keiner Verbindung zu der Krankenkasse „AOK". Unsere Produkte können selbstverständlich, unabhängig von der gewählten Krankenkasse, erworben und verwendet werden.

Unsere Marke „Aok" hat Ihren Ursprung im Jahr 1885. Der Apotheker Wilhelm Anhalt **(A)** aus Ostseebad **(O)** Kolberg **(K),** im heutigen Polen, erkennt, dass Wirkstoffe aus der Natur die perfekte Basis für natürliche Schönheitspflege sind. Also beginnt er, eine Kosmetiklinie auf Basis natürlicher Rohstoffe zu entwickeln. Sein erstes Produkt – die Seesand Mandel-Kleie – ist bis heute ein Klassiker.

Ich freue mich, wenn ich Ihre Bedenken ausräumen konnte und wir Sie auch weiterhin zu unseren Aok-Kundinnen zählen können.

Mit freundlichen Grüßen

Schwarzkopf & Henkel GmbH

Verbraucher-Service

Mathilde Jägers

Gehnabchstr. 219

66386 St. Ingbert

An die Deutsche Bundespost Post

Charles-de-Gaulle-Str. 20

53113 Bonn

St. Ingbert/ Saar, den 20.4.2017

Sehr geehrte Damen und Herren,

mittlerweile zum älteren Semester gehörend, benutze ich für meine Korresponzenden wie Sie sehen
können nach wie vor den Brief bzw. die Post. Von
der jüngeren Generation weiß man, daß sie dazu
die Email benutzt, welche mir aber nicht geheuer ist,
die aber bekanntlich ja kein Porto verschlingt,
ganz anders als ein Brief. Gerade wenn man Rentnerin
ist und allerhand Korrespondezen pflegt, ist das ein
nicht unerheblicher Faktor in meinen monatl. Ausgaben.
Daher bitte ich Sie zu überlegen, ob es für Rentnerinnen
und Rentner, die ja einen Großteil Ihrer Kundschaft
ausmachen dürften, einen Sonder- bzw. Sozialtarif
einzuführen, zB für 40 Cent pro Brief. Diese Marken
könnten auch besonders aussehen, zB indem sie ältere Schauspielerinnen und Schauspieler zeigen. Hinsichtlich der Motivauswahl oder Kalkulation eines
rentnergerchten Tarifs/ Portos könnte ich Sie gerne
jederzeit unterstützen.

Mit freundlichen Grüßen

Kundenservice

Deutsche Post AG · Kundenservice · 53247 Bonn

Frau
Mathilde Jägers
St. Ingbert
Gehnbachstr. 219
66386 St. Ingbert

Seite 1 von 1

Ihr Zeichen
Unser Zeichen 2017/05-9814689
Telefon +49 228 4333112
E-Mail Kontakt unter www.deutschepost.de
E-POSTBRIEF
Datum 10.05.2017
Betrifft Ihr Anliegen vom 09.05.2017; Sondertarif

Sehr geehrte Frau Jägers,

vielen Dank für Ihre Nachricht.

Es gefällt uns sehr, dass Sie mit Ihrem Vorschlag unser Bemühen unterstützen wollen, den Wünschen unserer Kunden so umfassend wie möglich zu entsprechen.

Ihren Entwurf zur Optimierung unserer Betriebsabläufe haben wir an die Fachabteilung weitergeleitet, die für die weitere Entwicklung der Planungsprozesse zuständig ist.

Über einen möglichen Realisierungszeitpunkt können wir Ihnen leider keine Auskunft geben.

Wenn wir Ihnen mit diesen Informationen weiterhelfen, freuen wir uns.

Mit freundlichen Grüßen

Ihr Kundenservice

Deutsche Post AG
Kundenservice
53247 Bonn

Telefon +49 228 4333112,
Mo.-Fr. 8-18 Uhr, Sa. 8-14 Uhr

Telefax +49 180 2 5555,
6 ct je Verbindung aus den dt.
Festnetzen; max. 42 ct je angef. 60
Sek. aus den dt. Mobilfunknetzen

www.deutschepost.de

Kontoverbindung
Postbank
Köln

IBAN
DE49 3701 0050
0000 0165 03
SWIFT BIC
PBNKDEFF

Vorstand
Dr. Frank Appel, Vorsitzender
Ken Allen
Jürgen Gerdes
John Gilbert
Melanie Kreis

Vorsitzender des
Aufsichtsrates
Prof. Dr.
Wulf von Schimmelmann

Sitz Bonn
Registergericht Bonn
HRB 6792

USt-IdNr. DE 169 838 187

Mathilde Jägers

Gehnbachstr. 219

66386 St. Ingbert

Eurotransplant International Foundation

P.O. Box 2304

NL - 2301 CH Leiden

The Netherlands

St. Ingbert/ Saar, den 6.5.2107

Topic: Hairtransplantation of my husband Günter

Dear Ladies and Sirs!

My english is not so good, that's why I wrote you in
German in the hope you have somebody in your office
who can translate it into englsih. Thank you!
Es geht hierbei um die Haare meines Ehegatten, bzw.
um seine früheren Haare, die jetzt nicht mehr vorhanden sind. Ich habe nämlich gehört, daß es neuerdings möglich ist, sich Haare transplantieren zu
lassen. Das wäre im Fall meines Mannes sehr wünschenswert und ich möchte ihn hiermit für die Warteliste
der Transplantationen anmelden. Was die Spender-
Haare anbelangt, wäre es wünschenswert, wenn sie in
etwa den früheren Haaren meines Mannes entsprächen.
Er hatte sehr dickes, nahezu "strackes" Haar, Farbe
sehr dunkel-braun bis schwarz. Bei Bedarf sende ich
Ihnen auch Fotos, von früher, auf denen das Haar
zu erkennen ist. Wenn sich so dicke Haare nicht finden,
nähmen wir auch andere in der richtigen Farbe. Bitte
kontaktieren Sie mich und vorerst noch nicht meinen

Mann, da erszu diesem Zeitpunkt noch nicht informiert ist. Ich denke es, ist geschickter, erst einmal die Formalien zu klären und nicht im Vorneherein die Pferde scheu zu machen.

Wenn Sie wollen, können Sie mir das Haar vor der Transplantation aueh zusenden, damit ich einen Fühltest und eine Farbüberprüfung vornehmen kann.

I thank you very much!

Kind regards!

Frau
Mathilde Jägers
Gehnbachstr. 219

66386 St. Ingbert
Duitsland

Eurotransplant International Foundation
P.O. box 2304
2301 CH Leiden
The Netherlands
T +31 71 579 57 00
M secretariat@eurotransplant.org
www.eurotransplant.org

Leiden, den 11. Mei 2017
Reference: Req319-r.2017 /ml
Subject: Ihr Schreiben vom 6.5.2017 / Haartransplantation

Sehr geehrte Frau Jägers,

vielen Dank für Ihr oben genanntes Schreiben.

Ihre Frage betrifft eine Haartransplantation für Ihren Mann. Eurotransplant ist verantwortlich für die Allokation von Organen (Herz, Lunge, Pankreas, Leber, Nieren) in Österreich, Belgien, Kroatien, Deutschland, Ungarn, Luxemburg, die Niederlande und Slowenien.

Wir verstehen das Sie nach einer Lösungen suchen, leider können wir Ihnen nicht weiterhelfen. Unsere Empfehlung ist, Kontakt aufzunehmen mit Ihren Hausarzt. Eventuell finden Sie auch Information im Internetz.

Wir wünschen Ihnen alles Gute.

Mit freundlichen Gruß,

Eurotransplant Sekretariat

Mathilde Jägers
Gehnbachstr. 219
66386 St. Ingbert

Apostolische Nuntiatur
Lilienthalstr. 3a

~~1009~~ 10923 Berlin

St. Ingbert/ Saar, den 20.3.2013

Sehr geehrter Herr Nuntius! Eure Hochwürdigste Exzellenz!

Ich grüße Sie ganz herzlich aus dem schönen Saarland,

Diözese Speyer (nicht: Trier), wo ich seit Kindertagen

mit der katholischen Kirche fest verbunden bin. Das
Saarland ist, wie Sie vielleicht wissen, das Bundesland mit

der höchsten Dichte an Katholiken!

Ich habe mir heute endlich mal ein Herz gefaßt, Ihnen

zu schreiben, eigentlich wollte ich schon viel früher.

Der Grund, weshalb ich mich in aller Diskretion und

vertrauensvoll an Sie wende ist folgender: In unserer

Pfarrgemeinde wird in diesem Sommer eine Frau 90 Jahre

alt, für deren Jubiläum ich mir etwas ganz besonderes

ausgedacht habe. Ich kam nicht alleine auf die Idee, son-

dern gemeinsam mit einer anderen Frau aus der ~~Pfarrei~~

Pfarrei, die ebenfalls in der Kirche aktiv ist. Wir

dachten uns nämlich, ob man für die Jubilarin aller-

erste Schritte in die Wege geleitet werden könnte, damit

sie irgendwann - von Heiligsprechung wollen wir nicht

reden - so aber wenigstens selig gesprochen wird.

Natürlich nicht sofort von heute auf morgen, ich weiß

ja, daß das eine langwierige Sache ist. Bestimmt kann

diese Ehre auch nicht gerade jedem zu Teil werden,

das ist ja auch klar. Aber die Frau um die es geht,

hat in den letzten Jahrzehnten nahezu Übermeschliches

geleistet, um die Pfarrarbeit zu unterstützen.

Was sie besonders ausmacht, ist ihre schon fast sprichwörtliche Bescheidenheit, sie ist wirklich eine ganz einfache Frau, lebt in ganz einfachen Verhältnissen. So daß ich dachte, wenn Papst Fransiskus ein Zeichen setzen will gegen den Protz in der Kirche, dann wäre meine Nachbarin genau die richtige! Bestimmt wären viele Formalitäten zu klären, bei denen ich Ihnen allerdings helfend zur Seite stehen könnte. Ich habe bewußt auch noch keinen Namen genannt, da Diskretion in diesem Stadium der Vorbereitung oberste Priorität haben sollte. Unseren Pfarrer würde ich auch gerne erst mal nicht einbeziehen.

Wenn es um Seligsprechnung gehen soll, müssten meines Wissen auch Wunder nachgewiesen werden. Davon weiß ich zu diesem Zeitpunkt nichts Genaues, aber in zusammenarbeit mit ihren beiden Töchtern, die im Übrigens auch ganz reizende Damen sind, dürfte sich sicher etwas finden lassen. Wenn nicht bereits ihre unerschütterliche Arbeitskraft nicht schon alleine als Wunder dienen kann.

Teilen Sie mir doch bitte mit, welche Angaben und Unterlagen Sie benötigen, damit wir im Bewerbungsverfahren weiterkommen. Wenn wir schon bis zum 28. August eine erste Urkunde o.ä. hätten oder etwas Amtliches, dann wäre das ideal, denn da hat Sie nämlich Geburtstag.

    Hochachtungsvoll

APOSTOLISCHE NUNTIATUR
IN DEUTSCHLAND

Berlin, 04. April 2017

Sehr geehrte Frau Jägers!

Ihr Schreiben vom 20. März ist am 04. April 2017 dieser Nuntiatur zugegangen. Darin erfragen Sie die Bedingungen für eine mögliche Seligsprechung einer Frau aus Ihrer Gemeinde in St. Ingbert, die noch lebt, und dieses Jahr 90 Jahre alt wird.

Hierzu möchte ich Ihnen mitteilen, daß ein Prozess zu einer Seligsprechung erst geraume Zeit nach dem Tod eines Menschen eröffnet wird, der im Geruch der Heiligkeit gestorben ist. Insofern ist dies in dem geschilderten Falle nicht möglich.

Da Ihnen die Dame aus Ihrer Gemeinde eine vorbildliche Christin zu sein scheint, ist es ratsam, alles zu sammeln, was dieses Urteil begründet. Hierzu gehören Dokumente, Zeugenaussagen etc. All dies sollten Sie aber erst nach dem Tod der betroffenen Frau tun, nicht schon jetzt.

Was den 90. Geburtstag angeht, so kann ich der Dame gerne den Apostolischen Segen zukommen lassen, sofern Ihr Herr Pfarrer sich dafür verwendet und mir dies schreibt.

Für das bevorstehende Hohe Osterfest wünsche ich schon heute alles Gute und die Freude des Auferstandenen.

Mit besten Wünschen und Gottes Segen

Erzbischof Dr.
Apostolischer Nuntius

Frau
Mathilde Jägers
Gehnbachstr. 219
66386 St. Ingbert

Mathilde Jägers
Gehnbachstr. 219
66386 St. Ingbert

An
Red Bull GmbH
Am Brunnen 1
5330 Fuschl am See
Österreich

St.Ingbert/ Saar, den 18.6.2017

Sehr geehrte Damen und Herren!

Hiermit schreibe ich Ihnen mit einem ganz besonderen
Herzensanliegen. Wir, sieben Damen und drei Herren
aus St. Ingbert im Saarland (Deutschland), haben es
endlich geschafft, einen lang gehegten Plan bald in
die Wirklichkeit umzusetzen: Wir werden am letzten
Augustwochenende, am Sonntag, den 27.8.2017 das welt-
weit erste Rollatoren-Rennen der Welt veranstalten.
Bislang liegen uns bereits 17 Anmeldungen vor. Der
Parcours wird sich auf eine Schleife von ca. 400 Meter
erstrecken, der zweimal gegangen werden soll. Bislang haben wir für diesen "Event" noch keine Sponsoren.
Und das ist genau der Grund, weswegen ich Ihnen schreibe!
Wir dachten, da Sie sich ja auch im Motorsport (Formel 1)
sehr engagieren und außerdem oftmal neue Trend-Sport-
arten bewerben (z.B. den Fallschirmsprung aus dem Weltall),
daß Sie vermutlich sich die Chance nicht entgehen lassen
wollen, der Hauptsponsor für unser Rennen zu sein.
Vielleicht haben Sie auch Ideen und Vorschläge, wir wir
das Event noch besser vermarkten können. Bislang haben wir praktisch null Euro Kosten, da die Teilnehmer
mit ihren Privat-Rollatoren teilnehmen werden. Wenn Sie

jedoch einsteigen würden, können wir uns weitere Maßnahmen vorstellen:

- Druck von T-Shirts "1. Rollatoren-Rennen der Welt"
  für alle Teilnehmer
- Werbegeschenke für die Zuschauer
- ggf. Freigetränke (u.a. Ihr Energie-Getränk Red Bull)

Wenn Sie dieses Unterfangen also reizt, lassen Sie uns
alsbald eine Nachricht zukommen, in welcher Größen-
ordnung Sie Sponsorengelder aufbringen könnten und ob
Sie gegebenefalls auch Kontakte zum Fernseheen herstellen könnten.

Mit freundlichen Grüßen

Mathilde Jägers
Senioren-Initiative Gehnbachstraße

Red Bull Deutschland GmbH • Osterwaldstraße 10 • D-80805 München
Tel.: +49 (0) 89/20 60 35-0 • Fax: +49 (0) 89/20 60 35-100

Mathilde Jägers
Gehnbachstr. 219
66386 St. Ingbert
Germany

Betreff: Rollatoren-Rennen   31.07.2017

Hallo Frau Jägers,

vielen Dank für Ihre Email! Sie ist direkt in unseren Posteingang geflattert. Wie wir Ihrer Anfrage entnehmen können, würden Sie gerne mit uns zusammenarbeiten. Wir freuen uns sehr, dass Sie uns hier als Partner in Betracht ziehen und an uns gedacht haben.

Derzeit sind allerdings keine Kooperationen mit externen Veranstaltern geplant. Grundsätzlich liegt unser Fokus auf eigenen, überregionalen und internationalen Sportevents - zu Lande, zu Wasser und in der Luft. Daher unterstützen wir momentan nur unsere Athleten und Culture-Opinion-Leader, Handelspartner und deren Veranstaltungen. Wichtig ist uns dabei, dass wir in diesen Szenen nachhaltig etwas bewegen.

Wir hoffen auf Ihr Verständnis und sind überzeugt, dass Sie für Ihr Rollatoren-Rennen den passenden Partner finden werden.

Mit besten Grüßen von den
ROTEN BULLEN aus München

Mathilde Jägers

Gehnbachstr. 219

66386 St. Ingbert

An die

Botschaft der Republik POLEN

Lassenstraße 19-21

14193 Berlin

St. Ingbert, den 12.3.2017

Sehr geehrte Damen und Herren,

hiermit wende ich mich, rechtzeitig früh im
Erntejahr 2017 mit einer dringenden Bitte an
Sie. In meinem Garten wachsen insgesamt vier
hochstämmige, alte Obstbäume (2x Apfel, Zwets-
chgen, Mirabellen), von denen ich aufgrund
meines Alters nur noch die unteren Äste ernten
kann. Ihr Land ist bekannt für Ihre zuverläss -
igen und guten Erntehelfer und daher beantrag
ich hiermit, mir für die Ernte 2017 einen jungen Mann oder eine junge Frau zu vermitteln,
um die Ernteverluste in meinem Garten zu ver-
meiden. Wenn er/sie einmal hier ist, könnte
sie mir auch bei den Him- und Brombeeren helfen. An einer angemessenen Bezahlung soll es
natürlich nicht scheitern.

Mit freundlichen Grüßen

Botschaft der Republik Polen
in der Bundesrepublik
Deutschland

Amb.Berl.WK.3561.97.2017   Berlin, den 04.04.2017

Frau
Mathilde Jägers
Gehnbachstr. 219
66386 St. Ingbert

Sehr geehrte Frau Jägers,

unter Bezugnahme auf Ihr Schreiben vom 12.03.2017 möchte Ihnen die Konsularabteilung der Botschaft der Republik Polen in Berlin mitteilen, dass hiesiges Amt keine Zuständigkeit für die Arbeitsvermittlung besitzt.

Wir bedauern Ihrem Anliegen nicht entsprechen zu können und verbleiben

mit freundlichen Grüßen

Leiter der Konsularabteilung
i.A.
Konsulin

Lassenstr. 19-21, 14193 Berlin
Tel.:   (0049 30) 223 13 201
Fax: (0049 30) 223 13 212
www.berlin.msz.gov.pl

Mathilde Jägers

Gehnbachstr. 219

66386 St. Ingbert

TERRE DES FEMMES

Menschenrechte für die Frau e.V.

Brunnenstr. 128

13355 Berlin

St. Ingbert/Saar, den 18.3.2017

Sehr geehrte Damen!

Hiermit wende ich mich vertrauensvoll mit einem Problem
an Sie, von dem ich weiß, daß es nicht nur mich betrifft, sondern gleich eine ganze Anzahl meiner Freundinnen und womöglich noch viel mehr Frauen meines Aters.
Es ist nämlich so, daß mein Mann mich nicht ins Internet
lässt. Das heißt, er läßt mich shhon ab und zu probeweise,
aber dann stellt er sich die ganze Zeit hinter mich und
erklärt mir, was ich alles falsch mache und wie gefährlich
das sei. So lerne ich das erstens nie. Und zweitens, ganz
alleine ins Internet lässt er mich gar nicht!
Ich habe schon viel über das Thema Internet gelesen und
man weiß ja, wie wichtig das ist, um heutzutage alles
mitzukriegen und mitzudiskutieren. Daher wäre meine
dringende Bitte, sich einmal dieses Themas anzunehmen
und eine Aufklärungskampagne diesbezüglich durchzuführen.

Mit freundlichen Grüßen

TERRE DES FEMMES

Menschenrechte für die Frau e. V.
Human Rights for Women
Gleichberechtigt, selbstbestimmt und frei
equal, independent and free

TERRE DES FEMMES e. V. · Brunnenstr. 128 · 13355 Berlin

Frau
Mathilde Jägers
Gehnbachstr. 219
66386 ST. INGBERT

Berlin, 07.04.17

Ihre Anfrage bezüglich der Kampagne

Sehr geehrte Frau Jägers,
vielen Dank für Ihren Brief. Es freut mich sehr, dass Sie sich mit Ihrem Anliegen an mich wenden. Dies zeigt, dass Sie die Arbeit von TERRE DES FEMMES ernst nehmen und schätzen.
Ihre Situation ist mehr als misslich und ich verstehe Ihren Ärger über das Verhalten Ihres Mannes sehr gut. Eine solche Art der Bevormundung ist nicht zu akzeptieren und das Gegenteil eines gleichberechtigten Miteinanders.
Auch der Umstand, dass dies in Ihrem Umfeld häufig vorkommt, ist erschreckend.

Leider ist es mir jedoch nicht möglich, eine Kampagne zu dieser Problematik anzustoßen. Unsere Kapazitäten sind begrenzt und wir versuchen bereits schwerwiegende Menschenrechtsverletzungen wie weibliche Genitalverstümmelung, Häusliche und sexualisierte Gewalt, Gewalt im Namen der Ehre, Prostitution und vieles mehr abzudecken. In diesen Feldern wollen wir uns intensiv engangieren und vermehrt Projekte und Kampagnen in Angriff nehmen. Eine Erweiterung unseres Schwerpunktsspektrums würde die Kapazitäten der Geschäftsstelle derzeit sprengen.

Sie können sich aber jederzeit an eine nahe gelegene Beratungsstelle wenden. Zum Beispiel könnten Sie sich bei dem Caritas-Zentrum Saarpfalz beraten lassen.
Dort arbeiten Menschen, welche Ihnen Ehe- und Lebensberatung anbieten können.
Die Beratungsstelle befindet sich in der Kohlenstraße 68, 66386 St. Ingbert
Telefonnummer: 06894/ 38 76 170
E-Mailadresse: eel.st.ingbert@caritas-speyer.de

Ich hoffe sehr, dass Ihnen dort geholfen werden kann.

Mit besten Grüßen

Bundesgeschäftsführerin

Mathilde Jägers

Gehnbachstr. 219

66386 St. Ingbert

ALDI SÜD

Burgstr. 37

45476 Mühlheim abn der Ruhr

St. Ingbert/ Saar, 19.3.2017

Sehr geehrte Damen und Herren!

Seit vielen Jahren bin ich regelmäßige und treue Leserin
Ihres Prospektes, das immer montags erscheint. Für
mich ist der Prospekt sogleich Lesegenuss als auch Ent-
spannung! Richten Sie Ihren Mitarbeitern aus dem Prospekt
doch bitte mal einen großen Dank an dieser Stelle aus!

Nun verhielt es sich so, daß ich krankheitsbedingt in den
vorigen 14 Monaten nicht dazu in der Lage war, mir den
Prospekt aus der Filiale zu holen. Ich habe oft überlegtt,
ob ich jemanden bitte, wollte aber schließlich lieber
doch keine Umstände bereiten. Nun brachte mich meine
Freundin Ursula, auch eine eifrige Leserin, auf die Idee,
ich sollte bei Ihnen direkt nachfragen, ob Sie mir die
entgangenen Prospekte zur Lektüre nachsenden könnten.
An den Portokosten würde ich mich selbstverständlich beteiligen. Es wäre eine große Freude, all das nachlesen zu
können, was mir zuletzt engangen ist!

Mit herzlichem Dank und besten Grüßen

ALDI SÜD Dienstleistungs-GmbH & Co. oHG
Unternehmensgruppe ALDI SÜD

Burgstraße 37
45476 Mülheim an der Ruhr
Telefax +49 1803 252722*
E-Mail mail@aldi-sued.de
*(0,09 €/Min. aus dem dt. Festnetz, höchstens 0,42 €/Min. aus Mobilfunknetzen)

ALDI SÜD Dienstleistungs-GmbH & Co. oHG
Postfach 10 01 52 · 45401 Mülheim an der Ruhr

Mülheim an der Ruhr, 6. April 2017

Frau
Mathilde Jägers
Gehnbachstraße 219
66386 St. Ingbert

Ihr Schreiben vom 19. März 2017
Ihre Vorgangsnummer: 1834238

Sehr geehrte Frau Jägers,

vielen Dank für Ihr Schreiben.

Es freut uns, dass Ihnen unser Handzettel "meine Woche" so gut gefällt. Vielen Dank für die nette Rückmeldung dazu.

Leider können wir Ihnen die gewünschten Handzettel, rückwirkend für 14 Monate, nicht zur Verfügung stellen.

Sollten Sie jedoch künftig eine unserer Ausgaben versäumen, haben Sie die Möglichkeit unseren aktuellen Handzettel auch online einzusehen. Besuchen Sie dazu einfach unsere Homepage www.aldi-sued.de und wählen unten auf der Seite "Prospekte&Magazine". So können Sie auf unsere Prospekt zugreifen.

Wir hoffen, Ihnen mit unserer Information weitergeholfen zu haben und freuen uns auf Ihren nächsten Besuch in unseren Filialen.

Mit freundlichen Grüßen aus Mülheim an der Ruhr

i. A.
Kundenservice

ALDI SÜD Dienstleistungs-GmbH & Co. oHG · Burgstraße 37 · 45476 Mülheim an der Ruhr · Offene Handelsgesellschaft eingetragen Registergericht: Amtsgericht Duisburg · HRA 11937
Geschäftsführende Gesellschafterinnen: ALDI SÜD Dienstleistungs-GmbH, Duisburg · Registergericht: Amtsgericht Duisburg · HRB 16083
Geschäftsführer: Stefan Book, Wolfgang Frisch, Simon Gelzer, René Karczewski, Andreas Rohlfing, Jeannette Thull, Peter Wübben
Weitere Gesellschafter: Sämtliche ALDI GmbH & Co. Kommanditgesellschaften der Unternehmensgruppe ALDI SÜD
Bankverbindung: HSBC Trinkaus & Burkhardt AG Düsseldorf · IBAN: DE07 3003 0880 0301 0040 01 · BIC (SWIFT-Code): TUBDDEDD · USt.-ID-Nr. DE 815643082

Mathilde Jägers

Gehnbachster. 219

66386 St. Ingbert

Rauch Fruchtsäfte GmbH & Co OG

Langgasse 1

6830 Rankweil

Österrreich

St. Ingbert, denm 19.4.2017

Sehr geehrte Damen und Herren!

Als einmal gewesene Lehrerin und mittlerweile im
Ruhestand ist mir die Bildung der Kinder noch immer
ein anliegen. Darum möchte ich Sie hiermit bitten,
einen Werbespruch auf Ihrer Saft-Verpackung abzu-
ändern. Meine Enkel trinken gerne Rhabarber-Saft,
also kaufte ich den Ihrigen. Nun musste ich dort
den Werbespruch "schmeckt wie frisch vom Baum"
entdecken. Wo kommen wir hin, wenn wir die Kinder
glauben machen, Rhabarber wachse auf Bäumen?
Dann glauben sie vielleicht auch bald Kartoffeln
wachsen dort oder auch Radieschen. Ich möchte
Ihnen keien böse Absicht unterstellen, wäre Ihnen
aber doch sehr verbunden, wenn Sie dies im Sinne
des Erzihungs- und Bildungsideals abändern könnten.
Ich werde beim nächsten Kauf darauf achten und erst
dann wieder Ihr Produkt kaufen, wenn die Sache richtig-
gestellt ist.

Mit freundlichen Grüßen

RAUCH Fruchtsäfte GmbH & Co OG • A-6830 Rankweil • Austria

Mathilde Jägers
Gehnbachstr. 219
66386 St. Ingbert

Rankweil, am 10.05.2017

Betreff: Werbespruch

Sehr geehrte Frau Jägers,

vielen Dank für Ihren Brief. Wir freuen uns immer sehr, wenn sich Konsumenten direkt an uns wenden und uns so die Gelegenheit zur Stellungnahme geben.

Um nun auf Ihre geäußerten Bedenken zurückzukommen: der Rauchbaum soll die Fruchtvielfalt von Rauch wiederspiegeln – in unseren Augen ist uns das gut gelungen. Mit dem Spruch „schmeckt wie frisch vom Baum" ist hiermit der Rauchbaum gemeint, den es ja nicht wirklich gibt – genau wie das Rauchtal.

Auf unseren Verpackungen sowie in unserer Werbung wird eben das Unmögliche möglich gemacht. Es gibt ja auch keine lila Kühe oder sprechende Schweine. Werbesprüche und Werbung ganz allgemein sind immer mit einem Augenzwinkern zu verstehen und oftmals nicht wortwörtlich gemeint.

Ich hoffe, ich konnte Ihnen damit den Hintergrund unserer Werbestrategie etwas näher bringen.

Mit freundlichen Grüßen,

RAUCH Fruchtsäfte GmbH & Co OG
Langgasse 1, A-6830 Rankweil, Austria
Tel. +43 5522 401 – 0
Fax: +43 5522 401 – 3
E-Mail: office.at@rauch.cc
Internet: www.rauch.cc

UID: ATU S0412307
RAUCH FRUCHTSAEFTE GMBH & CO
Firmenbuchnummer: FN 200147 i
Firmenbuchgericht: LG Feldkirch
Zertifiziert nach ISO 9001:2000

Rauch Marketing
Tel: +43 664 80 401 430
Fax: +43 5522 401-9430
E-Mail: katharina.ender@rauch.cc

Mathilde Jägers

Gehnbachstr. 219

66386 St. Ingbert

An das

Landesamt für Soziales _ Entschädigungsbehörde

Postfach 10 32 52

66032 Saarbrücken

Berifft: WIEDERGUTMACHUNG

St. Ingbert, den 20.3.2017

Sehr geehrte Damen und Herren!

Hiermit bitte ich Sie, meinen nachfolgend geschilderten
Fall umgehend zu prüfen und mir mitzuteilen, ob eine
Wiedergutmachung/ Entschädigung in finanzieller Art möglich ist und wenn ja, welche Unterlagen beizuschaffen
sind.
Meine vier Enkelkinder sind alle ab 1999 geboren, und
ich habe mich intensiv mit um ihre Erziehung gekümmert.
Wenn meine Tochter oder mein Sohn einmal krank waren oder
die Enkel, dann bin ich immer "sofort" gesprungen und habe
meinen Kindern den Rücken freigehalten. Nicht immer hatte
ich große Lust, aber so war es eben. Ich schätze, daß ich
auf eine wöchentliche Arbeitszeit von ca. 20-25 Stunden
kam im Verlauf von ca. 25 JAhren (der Jüngste ist jetzt
17). Seit die Enkel aber groß sind, ist folgendes eingetreten:
die Oma ist nicht mehr verlangt und auch nicht mehr er-
wünscht. Meine Tochter will überhaupt nicht mehr, daß ich
koche oder vornbeikomme.

Rückwireknd betrachtet, kann man also sagen, daß meine Arebitskraft über Jahre schamlos ausgenutzt wurde. Wenn ich gewusst hätte, daß ich nur dann gefragt bin, wenn es den Kindern passt, hätte ich es sicher nicht gemacht. Ich hätte ja auch weiß Gott besseres zu tun gehabt, oder hätte verreisen können, was mir im Übrigen heute nicht emhr ganz so leicht möglich ist.

Und da es ja um ein soziales Thema geht, wäre nun meine Hoffnung, daß sie mich rückwirkend entschädigen mit einem kleinen Stundensatz. Hätten meine Kinder soziale Einrichtungen in Anspruch genommen statt ihre eigene Mutter, das hätte den Staat ja noch viel mehr gekostet! Aber das wissen Sie ja selbst und dafür sind Sie ja da. Ich erwarte also Ihre Antwort und weitere Anweisungen.

Mit freundlichen Grüßen

Landesamt für Soziales

SAARLAND

LAS, Postfach 103252, 66032 Saarbrücken

Frau
Mathilde Jägers
Gehnbachstraße 219

66386 St. Ingbert

Abteilung A

Datum: 7. April 2017

Bearbeiter/-in :
Telefon: 0681/
Telefax : 0681/
Zentrale: 0681/9978-0
e-mail: @las.saarland.de
Poststelle@las.saarland.de

Wir haben für Sie geöffnet:
Mo. und Mi.   08:00 bis 15:30 Uhr
Di. und Fr.   08:00 bis 13:00 Uhr
Do.   08:00 bis 18:00 Uhr
und nach besonderer Vereinbarung

Ihr Schreiben vom 20.03.17, eingegangen am 05.04.17

Sehr geehrte Frau Jägers,

bezugnehmend auf Ihr o.a. Schreiben muss ich Ihnen leider mitteilen, dass das soziale Entschädigungsrecht keine Entschädigung für den von Ihnen dargestellten Sachverhalt vorsieht.

Die Leistungen der Sozialen Entschädigung richten sich an Kriegsgeschädigte und Kriegshinterbliebene und an weitere Personengruppen, die nach bestimmten Nebengesetzen Ansprüche haben. Zu diesen Personengruppen gehören insbesondere Opfer von Gewalttaten, Zivildienstbeschädigte und Impfgeschädigte. Diesen Personenkreisen gehören Sie jedoch nicht an.

Ich bedaure, Ihnen keine andere Nachricht übermitteln zu können.

Mit freundlichen Grüßen
Im Auftrag

Hochstraße 67 · 66115 Saarbrücken
www.las.saarland.de

Mathilde Jägers

Gehnbachstr. 219

66386 St. Ingbert

Physikalisch-Technische
Bundesanstalt

Bundesallee 100

38116 Braunschweig

St. Ingbert/ Saar, den 20.3.2017

Sehr geehrte Damen und Herren,

eine Sache macht mir seit einiger Zeit etwas Kopf-
zerbrechen, so daß ich Sie gerne um Aufklärung und Rat
bitten möchte.

Auch mein Mann, der sonst in physikalischen Fragen und

Technik ganz gut bescheid weiß (gelernter Maurer),

wusste diesmal keine Antwort. Es geht um die neue

Einheit Einheit Instagramm, von der ich nicht weiß,

um wie viel Gramm es sich handelt. Es klingt für

mich nach weniger als einem Gramm, aber das wäre

seltsam, da man so kleine Grammeinehiten ja selten

braucht. Hat es etwas mit der modernen Küche zu tun?

Muss man die Maßeinehit künftig kenen, oder reicht es,

mit den anderen Maßeinheiten zu handieren? Und wenn

nein, wie groß ist denn nun der Umrechnungskurs?

Ist es womöglich etwas aus dem Ausland, die Amerikaner

sagt mein Mann, haben ja auch eine andere Gramm-Einheit.

Mit freundlichen Grüßen

Physikalisch-Technische Bundesanstalt
Braunschweig und Berlin
Nationales Metrologieinstitut

PTB • Postfach 33 45 • 38023 Braunschweig

Frau
Mathilde Jägers
Gehnbachstr. 219
66386 St. Ingbert

Ihr Zeichen:	
Ihre Nachricht vom:	20.3.2017
Mein Zeichen:	
Meine Nachricht vom:	
	Pressestelle PTB
Bearbeitet von:	Dr. Dr.
Telefondurchwahl:	0531 592
Telefaxdurchwahl:	0531 592
E-Mail:	@ptb.de
Datum:	7.4.2017

Sehr geehrte Frau Jägers,

Ihr Brief ist wohlbehalten und ganz und gar ohne Gewichtsverlust in der Pressestelle der PTB, genauer: auf meinem Schreibtisch, gelandet. Ihre Verwirrung um die physikalischen Einheiten kann ich gut verstehen, sind doch selbst die Physiker in unseren Laboren derart unsicher, dass sie schon „Unsicherheitsbudgets" aufstellen, was zu wettbewerbsähnlichen Zuständen („Wer hat das Kleinste?") führt. Da kann es schon mal sein, dass in dem einen Labor Femtosekunden als riesig empfunden werden, während der Nachbar den Mikrometer geringschätzt. In diese Reihe gehört dann wohl auch das von Ihnen angesprochene Instagramm, mit dem es allerdings seine ganz eigene Bewandtnis hat. Diese kleine Masseeinheit hätte aus unseren Laboren eigentlich nicht entweichen dürfen. (Wie dies trotzdem geschehen konnte, werden wir intern noch ermitteln müssen.) Das Instagramm – so viel darf ich sagen – ist eine variable, aber stets auf Abruf verfügbare Größe, mit der unser Kollege aus dem Masselabor die Schwindsucht des nationalen Kilogramms aufzuhalten versucht. Mal muss er nach einer harten Arbeitswoche ein Instagramm auflegen, mal können es auch derer fünf sein, wenn etwa ein Doktorand mal wieder zu arg am Kilogramm gerubbelt hat. Aber dem Instagramm sei Dank, ist und bleibt ein Kilo immer und immer und immer ein Kilo. Und da es jetzt bei Ihnen gelandet ist (auch wenn es das ja, wie gesagt, nicht sollte) kann ich Ihnen folgende Alternative vorschlagen: Entweder Sie schicken es uns (Porto zahlt Empfänger!) in einem Päckchen, am besten gefüttert mit Seidenpapier, zurück. Wir geben es dann an unseren Massekollegen weiter. In diesem Fall gebührt Ihnen unser Dank, und wir übernehmen weiterhin die Gewähr, dass ein Kilo ein Kilo bleibt. Oder aber Sie stellen das Instagramm in Ihre privaten Dienste. Dann müssten wir bei Ihnen einmal wöchentlich, sagen wir freitags, vorbeikommen, um unser Kilo bei Ihnen abzugleichen. Mithilfe des Instagramm zubereitete Topfkuchen können Sie in diesem Fall unseren reisenden Kollegen gerne als Proviant mit auf den Weg geben.

In der Hoffnung, dass Sie die richtige Wahl treffen,
grüßt freundlich, genau und präzise

, Pressesprecher PTB

Hausadresse, Lieferanschrift:	Telefon: +49 531 592-0	Deutsche Bundesbank, Filiale Leipzig	PTB Berlin-Charlottenburg
Bundesallee 100	Telefax: +49 531 592-9292	IBAN: DE38 8600 0000 0086 0010 40	Abbestr. 2-12
38116 Braunschweig	E-Mail: poststelle@ptb.de	BIC: MARKDEF1860	10587 Berlin
DEUTSCHLAND	De-Mail: poststelle@ptb.de-mail.de	VAT-Nr.: DE 811 240 952	DEUTSCHLAND
	Internet: http://www.ptb.de		

Mathilde Jägers

Gehnbachstr. 219

66386 St. Ingbert

An

The Ritz Carlton

Restaurant Aqua

Parkstr. 1

38440 Wolfburg

St. Ingbert, den 17.3.2017

Sehr geehrte Damen und Herren, liebe Köchinnen und Köche!

Obwohl ich noch nie bei Ihnen gespeist habe, schreibe
ich Ihnen, weil wir womöglich ins Geschäft kommen kön-
ten, da Sie nach meiner Information ja zu den besten
Köchen/Restaurants des Landes gehören. Wie Sie natürlich
nicht wissen können, widme ich mich seit mehr als 50 Jahren
der Herstellung feinster Marmeladen und Geles. Insbesondere Aprikosen- und Quitten-Marmelade/Geles gelingen
mir Jahr für Jahr so gut (die Früchte kommen aus dem
eigenen Garten), so dass sogar die Kollegen meines Mannes,
die im Laufe ihres Berufsleben sehr weit gereist sind und
hier und da gespeist haben, sagen, sie seien auf jeden
Fall absolute Weltklasse! Ich kann Ihnen gar nicht sagen,
wie viel Lob ich schon von überall bekommen habe. Sogar
die Lokalzeitung hatte mal einen Bericht über mich.
Die Marmelade lässt sich in alle möglichen Rezepte ein-
flechten, da würde Ihren Köchen/innen sicher was einfallen.
Sie könnten zur Verkostung gerne hierher ins schöne Saarland kommen oder aber ich reise mit einem Satz Gläser
zu ihnen. Mit freundlichen Grüßen   M. Jägers

Sven Elverfeld

Restaurant AQUA The Ritz-Carlton, Wolfsburg, Parkstraße 1, D-38440 Wolfsburg

Frau
Mathilde Jägers
Gehnbachstr. 219

66386 St. Ingbert

Wolfsburg, 11. April 2017

Sehr geehrte Frau Jägers,

herzliche Grüße aus dem Restaurant Aqua im The Ritz-Carlton, Wolfsburg.

Wir bedanken uns recht herzlich für Ihren freundlichen Brief und das Angebot Ihrer Marmeladen. Wir sind uns sicher, dass diese von erstklassiger Qualität und hervorragendem Geschmack sind, denn wäre dies nicht der Fall, hätten Sie sicherlich nicht solch eine positive Resonanz erhalten.

Bedauerlicherweise müssen wir Ihnen jedoch mitteilen, dass wir unsere Marmeladen ebenfalls selber herstellen und daher leider keinen Bedarf an Ihren Produkten haben.

Wir bedanken uns nochmals aufrichtig für Ihr freundliches Angebot und wünschen Ihnen für die Zukunft alles Gute.

Sollten Sie noch Fragen haben, stehe ich sehr gerne telefonisch unter 05361-▉▉▉▉ oder ▉▉▉▉▉▉▉@ritzcarlton.com zur Verfügung.

Mit kulinarischen Grüßen aus der Autostadt

Administrative Assistant Restaurant Aqua

RESTAURANT AQUA · THE RITZ-CARLTON, WOLFSBURG
PARKSTRASSE 1 · 38440 WOLFSBURG
RECHNUNGSADRESSE: IM NAMEN UND FÜR RECHNUNG AUTOSTADT GMBH
STADTBRÜCKE · 38440 WOLFSBURG · GERMANY · SITZ DER GESELLSCHAFT: WOLFSBURG, HRB 1118
GENERALDIREKTORIN: EDITH GERHARDT · GESCHÄFTSFÜHRER: OTTO F. WACHS, UWE BAUNACK
TEL.: +49 (0) 5361-60 60 56 · FAX: +49 (0) 5361-60 80 00 · INTERNET: www.restaurant-aqua.com

Mathilde Jägers

Gehnabchstr. 219

66386 St. Iŋgbert

Schlichtungsstelle für den öffentlichen Personenverkehr e.V.

Fasanenstr. 81

10628 10623 Berlin

St.Ingbert/Saar, den 18.3.2017

Betrifft: Schlichtung

Sehr geehrte Damen und Herren,

ich nehme unter der Woche nahezutäglich vormittags den
Bus 523 in St.Ingbert/Saar vom Kaisereck übers Josefstal
in die Stadtmitte. Dabei besteht seit ungefähr 6 Monaten,
wenn nicht länger, das Problem, daß unter den regelmäßigen
Mitfahrerinnen (alle Frauen in meinem Alter) geradezu
Gehässigkeiten ausgebrochen sind. Angefangen hat alles,
als meine Nachbarin Marlex K. einer anderen Dame nicht Platz
machen wollte auf dem Sitz. Seither ist es so, daß die
die eher zu der einen halten, mit denen die eher zu der andern
halten, nicht mehr sprechen und absichtlich in die andere
Richtung gucken, wenn eine aus der "feindlichen" Gruppe ein-
steigt. Als neulich eine Frau den Bus verpasst hatte knapp,
haben die gegnerischen Frauen im Bus laut gejubelt. Bislang
ist es zu keinen Rempeleien o.ä. gekommen, aber ausschließen
möchte ich das nicht mehr. Ich fahre überhauptx nicht mehr
gerne Bus! Um Schlimmeres zu verhinden möchte ich Sie dringlich bitten, einen Ihrer Schlichter zu uns in den Bus zu
schicken. Wenden Sie sich an mich bitte zur Zeitabsprache. MfG.

söp Schlichtungsstelle für den öffentlichen Personenverkehr e.V.
Fasanenstrasse 81, 10623 Berlin

Frau
Mathilde Jägers
Gehnabchstraße 219
66386 St. Iggbert

Schlichtungsstelle für den
öffentlichen Personenverkehr e.V.

Fasanenstrasse 81
10623 Berlin

Tel.: 030 6449933-0
Fax: 030 6449933-10
kontakt@soep-online.de
www.soep-online.de

Team-Assistenz

Berlin, 10.04.2017

Schlichtungsverfahren Mathilde Jägers / Saar-Mobil GmbH, Ihre Anfrage
Unser Zeichen: Ö 52707/17

Sehr geehrte Frau Jägers,

wir bestätigen den Erhalt Ihres Schreibens vom 18.03.2017, welches hier am 04.04.2017 eingegangen ist und danken Ihnen für das der Schlichtungsstelle entgegengebrachte Vertrauen.

Ihr Schlichtungsantrag kann von uns jedoch leider nicht bearbeitet werden, weil der Sachverhalt Ihrer Beschwerde einem Schlichtungsverfahren nicht zugänglich ist. Die söp ist eine unabhängige Institution zur außergerichtlichen Streitbeilegung zwischen dem Verkehrsunternehmen und deren Kunden (Reisenden), nicht jedoch zwischen den Reisenden selbst.

Unabhängig davon nimmt das betroffene Verkehrsunternehmen nicht an der söp-Schlichtung teil.

Wir empfehlen Ihnen daher, sich direkt mit dem Verkehrsunternehmen in Verbindung zu setzen.

Bitte beachten Sie ferner, dass eine Weiterleitung Ihrer Beschwerde an die zuständige Stelle von Seiten der söp nicht möglich ist.

Weitere Informationen zur söp-Schlichtung finden Sie im Internet (https://soep-online.de).

Mit freundlichen Grüßen

söp_Schlichtungsstelle für den öffentlichen Personenverkehr e. V. · Amtsgericht Berlin-Charlottenburg, VR 29041 B
Leiter der Schlichtungsstelle: Edgar Isermann · Geschäftsführer: Heinz Klewe
Deutsche Bank · IBAN DE 89 1007 0024 0600 9112 00 · BIC DEUTDEDBBER · Steuer-Nr. 1127/677/53544 · USt-IdNr. DE 268307546
ÖPNV-Anbindung Bahnhof Zoologischer Garten

Mathilde Jägers

Gehnbachstr. 219

66386 St. Ingbert

Bundesverwaltungsamt
- Ehrungsaufgaben -

Referat II B4

50728 Köln

St. Ingbert, den 23.3.2017

Sehr geehrte Damen und Herren!

Wie ja bekannt ist, gratuliert der Bundespäsidenten

allen Ehepaaren, die es bis zum 65., 70., 80. etc.

Hochzeitstag geschafft haben. Das finde ich eine schöne

Sache und dennoch hätte ich eine Verbesserungsidee.

Aus dem eigenen Bekanntenkreis, wo sich gerade die

Diamanthochzeiten (60 Jahre) häufen, weiß ich, daß

einige Paare vom Schreiben des Präsidenten geradezu

überrascht wurden, da sie beide (also nicht nur der
M
Mann) den Jubiläumstag vergessen hatten. In einem Fall

war es auch der Bürgermeister, der das Paar überraschte,

was besonders unangenehm war für alle Beteiligten.

Daher wäre mein Vorschlag, daß der Bundespräsident

brer bereits ein oder zwei Wochen vor dem Jubiläumstag

schr/eibt und also die Paare gewissermaßen vorwarnt.

Der Text könnte z.B. wie folgt laufen: "Wie Sie ja sicher

wissen, jährt sich in kürze, am XX.X. Ihr Hochzeitstag
     zum sounsovielten Male. etc"

Dann wären viele ältere Paare besser bedient als es

bèslang der Fall ist.

                    Mit freundlichen Grüßen

BUNDESPRÄSIDIALAMT

BERLIN, 12. April 2017
Spreeweg 1

Geschäftszeichen: 11- AJU EJU ▇▇▇ / 16
(bei Zuschriften bitte angeben)

Frau
Mathilde Jägers
Gehnbachstraße 219
66386 St. Ingbert

Sehr geehrte Frau Jägers,

haben Sie vielen lieben Dank für Ihr Schreiben vom 23. März 2017 an das Bundesverwaltungsamt. Das Bundesverwaltungsamt leistet eine wertvolle Hilfe bei der Vorbereitung der Gratulationsschreiben des Herrn Bundespräsidenten und unterstützt das Bundespräsidialamt in unverzichtbarer Weise. Da es sich hier aber um eine grundsätzliche Frage handelt, habe ich die Beantwortung übernommen.

Es ist eine lange Tradition, dass der Bundespräsident zum 65., 70. und 75. Hochzeitstag gratuliert, wenn er einen entsprechenden Hinweis erhält. In den letzten 25 Jahren konnte er sogar 3 Mal zum 80. Hochzeitstag seine Glückwünsche aussprechen. Auch wenn es sich hier um eine lange Tradition handelt, ist der Überraschungseffekt bei den Gratulationen eine unverzichtbare Größe. Es ist doch immer etwas Besonderes, wenn der Brief des Bundespräsidenten direkt zu den Jubilaren kommt. Eine Vorankündigung würde dem widersprechen. Ich denke bei dem Erinnern an ein solches Fest – solle dies überhaupt erforderlich sein – ist doch das persönliche Umfeld eher gefragt.

Wir sind ständig bemüht, die Abläufe bei den Gratulationen des Herrn Bundespräsidenten zu verbessern. Deshalb ist uns Ihre Anregung wichtig, auch wenn wir dieser zunächst nicht entsprechen können. So gibt uns diese beispielhaft bei dem Abstimmungsprozess mit den Kommunen und Gemeinden oder der Planung des optimalen Versendungszeitpunktes wertvolle Hinweise. Hierfür möchte ich Ihnen nochmals ganz herzlich danken.

Mit allen guten Wünschen und mit freundlichen Grüßen
Im Auftrag

Briefanschrift: Bundespräsidialamt 11010 Berlin, Internet: http://www.bundespraesident.de
E-Mail: poststelle@bpra.bund.de

Telefon: (030) 2000 - 0   Behördennetz: (030) 18 200 - 0   (Durchwahl: - 2332)
Telefax: (030) 2000 - 1999 Behördennetz: (030) 18 200 - 1999 (Durchwahl: - 1927)

Mathilde Jägers

Gehnbachstr. 219

66386 St. Ingbert

Averyx Zweckform GmbH

Miesbacher Str. 5

83626 Oberlaindern/ Valley

St. Ingbert, den 19.3.2017

Sehr geehrte Damen und Herren!

Es ist ja nicht so, daß man nicht interessiert wäre,

mit der jüngeren Generation schrittzuhalten. Also

habe ich vor kurzem, da ich kein Handy habe, aus

Ihrem Haus einen Satz Aufkleber "Emoticon - Emojy"

gekauft (Art.No. 56096). Diese zeigen z.B. Schnee-

flocken, Herzen oder Flugzeuge sowie z.B. Palmen und Bienen.

Statt damit meinen Enkeln eine Freude zu F machen

ist eher das Gegenteil passiert. Bzw es ist erst ein-

mal gar nichts passiert. Erst auf Nachfrage habe ich

, als ich meine Enkel fragte, ob Ihnenn die Emoticons

nicht gefallen, folgendes zur Antwort gehört: Sie

haben GAR NICHT ERKANNT, daß es sich um Emoticon handelt.

Sie meinen bis heute, es seien ganz normale Aufkleber

und hätten mit den echten Emoticons aus dem Handy nichts

zu tun. Sie meinten gar, ich hätte mich wohl von Ihnen

aufs Kreuz legen lassen. Nun bin ich verunsichert:

Handelt es sich bei der von Ihnen angebotenenen Ware

um echte Emoticons oder nicht? Bitte teilen Sie mir

Ihre Antwort mit.

        Mit freundlichen Grüßen

AVERY ZWECKFORM GmbH, Postfach 1252, D-83602 Holzkirchen

Mathilde Jägers
Gehnbachstr. 219
66386 St. Ingbert

AVERY ZWECKFORM GmbH
Miesbacher Straße 5
83626 Oberlaindern/Valley
Telefon +49 (0) 80 24-64 1-0
Telefax +49 (0) 80 24-56 11
kundenservice@avery.com
www.avery-zweckform.com

Product Management

Datum: 2017-04-18

Tel.: +49 (0)8024 / 641-▇
Fax: +49 (0)8024 / 56 11
e-mail: ▇@avery.com

Emoticons / Emojis

Sehr geehrte Frau Jägers,

vielen Dank für Ihren Brief und Ihr Interesse an unseren Produkten.

Hier unsere Informationen zu den Emoticons / Emojis:

Als Emoticon werden einzelne Zeichen bezeichnet, die in der schriftlichen Kommunikation Stimmungs- oder Gefühlszustände bezeichnen. Ein Emoji ist ein Zeichen, welches für ganze Wörter oder Begriffe steht.

Junge Menschen kennen diese Zeichen meist aus deren Handys. Je nach Marke des Handys, sind auch die Zeichen unterschiedlich und „geschützt".
Somit kann die Frage nach „echten" Emoticons nicht geklärt werden.

Unsere Designs werden exklusiv für uns gezeichnet und sind nur von der Idee der Emoticons/Emojis gleich. Aus lizenzrechtlichen Gründen müssen wir uns aber von den Designs der Handys unterscheiden.

Als kleine Aufmerksamkeit legen wir Ihnen weitere witzige Designs bei und hoffen, Ihnen bzw. Ihren Enkeln damit eine kleine Freude zu machen.

Viele Grüße

AVERY DENNISON ZWECKFORM
Office Products Europe GmbH

Product Manager Associate local brands

Anlagen

www.avery-zweckform.com

Avery Zweckform, Unterzeichner des PBS-EHRENKODEX, ist FSC®-COC zertifiziert und verpflichtet sich dem Arbeitsschutzmanagement sowie der sozialen und ökologischen Nachhaltigkeit.

Geschäftsführer: Peter Sperl
Amtsgericht: München
Hdl.-Reg.-Nr.: B 144358
Ust-Id-Nr.: DE 813 701 660

HypoVereinsbank Rosenheim
IBAN: DE17 7112 0077 0003 8165 32
BIC: HYVE DEMM 448

Mathilde Jägers

Gehnbachstr. 219

66386 St. Ingbert

C&A Mode GmbH & Co. KG

Wannheimer Str. 70

40468 Düsseldorf

St. Ingbert, den 24.3.2017

Sehr geehrte Damen und Herren,

einen herzlichen Gruß in die Modestadt Düsseldorf!

Ihnen zu schreiben, darauf hat mich meine Nachbarin

bzw. mein Mann gebracht. Ich hörte nämlich, daß man

in Ihren Geschäften noch mit DM bezahlen kann.

Es verhält sich nun so: Per Zufall habe ich beim Auf-

räumen ein Kuvert mit 470 DM in bar gefunden, das aus

dem Jahr i̶7̶8̶x 1978 stammen muß. Nun rätseln mein

Mann und ich, wie viel das wohl heute wert ist, da

wegen der Inflation eine Mark ja 1978 viel, viel mehr

wert war als sie es heute ist. Mein Mann hat etwas

im Internet recherchiert und glaubt, daß e̶i die Mark

damals etwa̶s viermal so viel wert war, das heißt, dass

100 DM (1978) etwa 200 Euro (2017) entsprechen. Aber

sicher haben sie da exaktere Tabellen, so daß bei

der Umrechnung nichts falsch läuft.

Schon heute freue̶e ich mich darauf, den kleineɲ "Schatz"

bei Ihnen ausgeben zu können.

Mit freundl̶t̶c̶hen Grüßen

C&A Hauptverwaltung Wanheimer Strasse 70 D-40468 Düsseldorf

Mathilde Jägers
Gehnbachstr. 219
66386 St. Ingbert

Datum
12.04.2017

Ihre Nachricht vom
10.04.2017

Betreff
Bezahlung DM

Sehr geehrte Frau Jägers,

wir freuen uns über Ihr Interesse an C&A. Gern möchten wir Ihnen mehr Informationen geben.

Leider nehmen die C&A Filialen aus organisatorischen Gründen keine Deutsche Mark mehr als Zahlungsmittel an.

Sie können in allen C&A Filialen in Deutschland mit US- Dollar oder auch Kanada-Dollar bezahlen. Für den Umrechnungskurs wird einmal wöchentlich – per Montag – der Devisenankaufskurs der Reisebank in unserem Kassensystem aktualisiert. Gebühren fallen für Sie nicht an und das Wechselgeld wird in Euro ausgezahlt.

In einigen Filialen, die sich in der Nähe zum benachbarten Ausland (z.B nahe der Schweiz) befinden, können Sie auch in der jeweiligen Währung des Nachbarlands bezahlen.

Wir hoffen, Ihnen weitergeholfen zu haben und wünschen Ihnen viel Freude an C&A.

Mit freundlichen Grüßen

Sachbearbeitung Kundenservice

C&A Mode GmbH & Co. KG | Wanheimer Strasse 70, D-40468 Düsseldorf | Sitz: Düsseldorf | Registergericht: Düsseldorf HRA 6237
T +49 (211) 9872-0 | F +49 (211) 9872-2748 | Internet: www.CundA.de | Persönlich haftender Gesellschafter: C&A Retail GmbH | Sitz: Zug/Schweiz | UID: CHE-116.290.471 | Geschäftsführer: Stefan Hafner, Christoph Hammer, Petrus J. Zegger | Bankkonto: Commerzbank AG
IBAN: DE25 3004 0000 0132 3781 00 | SWIFT/BIC: COBADEFFXXX

Mathilde Jägers

Gehnbachstr. 219

66386 St. Ingbert

Bundesministerium für Justiz und Verbraucherschutz
Mohrenstr. 37
10117 Berlin

St. Ingbert, dem 22.3.2017

Sehr geehrter Herr Minister Maas!

Freundliche Grüße aus dem Saarland sendet Ihnen Ihre

Mathilde Jägers! Ganz zuvorderst muß ich ja mal sagen,

wie sehr Sie sich"gemacht" haben, seit Sie Minister in

Berlin sind! Früher, im Saarland, sahen Sie ja oft so

blaß um die Nase aus, daß man sich Sorgen machen musste

um Sie. Das freut mich als Saarländerin sehr.

Es geht aber um etwas anderes jetzt in dem Brief.

Schon meine Mutter hat nach dem Einkauf, z.B. bei Aldi

(früher Albrecht) o.a. Supermärkten, immer hinter der

Kasse den Kassenbon nachgerechnet und auf Unstimmigkeiten

kontrolliert. Ich habe diese Tradition fortgesetzt und

so sind im Laufe der Jahrzehnte insgesamt 10,793 Kassen-

bons zusammen gekommen, auf denen fein säuberlich notiert

ist, ob richtig abgerechnet wurde oder nicht. In meiner

internen X Statistik ergibt sich ein durchschnittlicher

Fehler zu Lasten des Einkäufers von 0,63 Prozent.

Das hört sich nach wenig an, ist aber viel, wenn man be-
denkt, wie sich das läppert.

Daher wäre mein Vorschlag, daß Sie ein Gesetz o.ä. ent-

werfen, daß solch ein "Beschiss" an der Kasse unter Strafe

stellt. Man muss nur mal überlegen, wie viele LEute in

ganz Deutschland überhaupt nicht nachrechnen und deshalb
auch nie einen Fehler entdecken.

Die Einkaufszettel sind allesamt auf DIN A4 Papier
aufgeklebt und abgeheftet in Ordnern, die jederzeit
von einem Mitarbeiter von Ihnen bei vorheriger
Ankündigung eingesehen werden können (vormittags
ist besser, so ab 8:30 Uhr).

Mit freundlichen Grüßen

Bundesministerium
der Justiz und
für Verbraucherschutz

POSTANSCHRIFT	Bundesministerium der Justiz und für Verbraucherschutz, 11015 Berlin

Frau
Mathilde Jägers
Gehnbachstraße 219
66386 St. Ingbert

HAUSANSCHRIFT	Mohrenstraße 37, 10117 Berlin
POSTANSCHRIFT	11015 Berlin
BEARBEITET VON	Herrn ▮▮▮
REFERAT	II A 2
TEL	(+49 30) 18 580 0
FAX	(+49 30) 18 580 9525
E-MAIL	poststelle@bmjv.bund.de
AKTENZEICHEN	II A 2 - 4000 II-25 270/2017
DATUM	Berlin, 26. April 2017

Sehr geehrte Frau Jägers,

vielen Dank für Ihr Schreiben an Herrn Bundesminister Heiko Maas vom 22. März 2017. Sie berichten, dass Sie über 10.000 Kassenzettel von Supermarktkassen überprüft und dabei Unstimmigkeiten festgestellt haben. Sie stellten Fehler zulasten der Kunden von durchschnittlich 0,63 % fest. Daher schlagen Sie ein Gesetz vor, das solchen Betrug unter Strafe stellt. Ich bin gebeten worden, Ihnen zu antworten.

Mit § 263 des Strafgesetzbuches existiert bereits ein Straftatbestand, der Betrug unter Strafe stellt. Dies gilt auch für Betrug an Supermarktkassen. Wer hiernach in der Absicht, sich oder einem Dritten einen rechtswidrigen Vermögensvorteil zu verschaffen, das Vermögen eines anderen dadurch beschädigt, dass er durch Vorspiegelung falscher oder durch Entstellung oder Unterdrückung wahrer Tatsachen einen Irrtum erregt oder unterhält, wird mit Freiheitsstrafe bis zu fünf Jahren oder mit Geldstrafe bestraft. In besonders schweren Fällen ist die Strafe noch höher.

Ich möchte jedoch darauf hinweisen, dass die Frage, ob ein bestimmtes Verhalten strafbar ist, grundsätzlich von den Umständen des Einzelfalles abhängt. Dabei obliegt die Entscheidung über die Strafbarkeit in unserem System der Gewaltenteilung nicht dem Bundes-

LIEFERANSCHRIFT	Kronenstraße 41, 10117 Berlin
VERKEHRSANBINDUNG	U-Bahnhof Hausvogteiplatz (U2)

ministerium der Justiz und für Verbraucherschutz, sondern den jeweils zuständigen Strafverfolgungsbehörden und den unabhängigen Gerichten.

Ich hoffe, Ihnen mit dieser Auskunft weitergeholfen zu haben.

Mit freundlichen Grüßen
Im Auftrag

Beglaubigt

Tarifbeschäftigte

Mathilde Jägers

Gehnbachstr. 219

66386 St. Ingbert

Stiftung Deutsches Historisches Museum

Unter den Linden 2

10117 Berlin

St. Ingbert/ Saar, den 13.6.2017

Sehr geehrte Damen und Herren!

Über die Jahre hat sich in meinem Küchenschrank unter
der Spüle, ohne daß das so geplant war, eine ganz
facettenreiche Sammlung an Plastiktüten angesammelt.
Diese waren nie als Sammlung angelegt, es ergab sich
mehr von ganz alleine. Immer, wenn mir eine Plastik-
tüte kostbar erschien, habe ich Sie aus der täglichen
Nutzung ausgeschlossen und sie ist wie von alleine
nach unten gerutscht. Die Tüten ganz unten bzw. hinten
in meinem Schrank müssen noch aus den frühen 70ern,
wenn nicht gar späten 60ern stammen. Es sind zum
Beispiel Exemplare darunter, als Aldi noch Albrecht
hieß, und auch sonst eine ganze Reihe heute nicht
mehr bestehender Geschäfte, vor allem aus dem Raum
St. Ingbert/Saarbrücken, da ich dort vorwiegend zum
Einkaufen war. Nun, da ich bald in eine kleinere Wohnung
ziehe, möchte ich diesen Schatz unbedingt bewahren,
wie Sie sich vielleicht denken könnten. Daher möchte
ich Sie bitten, einen Ihrer Historiker vorbeizu-

schicken, um die Sammlung zu begutachten und ggf.
auch gleich zu verfrachten. Selbstverständlich würde
ich die Tüten vorher sortieren nach geschätztem Alter
, so daß er oder sie nicht im Schrank wühlen müssen.
Die wenigsten der alten Tüten haben Löcher. Soll ich
die mit Löchern bereits aussortieren? Ich habe auch
an vorsichtiges Bügeln gedacht mit einem Tuch darüber
, aber ich weiß nicht, ob das Nylon dabei leidet.
Wir hier im Saarland sagen übrigen "Nylon-Tüten"
statt Plastiktüten, aber das nur am Rande.
Ich bitte bereits heute um Verständnis, daß ich mich
evtl. von der ein oder anderen Tüte am Ende doch
nicht endgültig trennen kann. Mehr als 15 bis 20
Tüten möchte ich jedoch nicht mitnehmen in die neue
Wohnung.
Eine kleine Frage bereits vorab: Wenn die Tüten dann
in Berlin sind, besteht dann die Möglichkeit, daß
ich sie bei Bedarf jederzeit besuchen bzw. be-
sichtigen kann?
Es gibt auch noch ein paar alte Tüten, die sich meine
Nachbarin einmal "geborgt" und nie wieder zurück-
gebracht hat. Wenn Sie die auch interessieren, könnten Sie dort auch mal klingeln. Ich selbst möchte
nicht nachfragen, da ich den Kontakt zu der Dame nach
den verschwundenen Tüten so gut es geht, abgebrochen
habe.

Mit freundlichen Grüßen

Mathilde Jäger

PS: Die Tüten werden ja auch dadurch immer wertvoller,
als daß, wie ich las, Plastiktüten in Deutschland bald
ganz verboten werden sollen, was ich im Übrigen sehr
bedauere.

DEUTSCHES HISTORISCHES MUSEUM

Deutsches Historisches Museum   Unter den Linden 2   10117 Berlin

Frau
Mathilde Jägers
Gehnbachstr. 219
66386 St. Ingbert

Berlin, 22.06.2017

Abteilung Alltagskultur
Fachbereich Sammlung

Ihr Schreiben 13.06.2017

Deutsches Historisches Museum
Unter den Linden 2
10117 Berlin

Sehr geehrte Frau Jägers,

T +49 30 20304-0 /
F +49 30 20304-
@dhm.de

haben Sie recht vielen Dank für Ihr Schreiben, das bei uns am 15. Juli 2017 eingegangen ist.

www.dhm.de

Stiftung des öffentlichen Rechts

Ich stimme Ihnen völlig zu, Plastiktüten sind ein zeithistorisch typisches und interessantes Phänomen, sie erzählen viel über unsere Gegenwart und sind oft auch optisch sehr ansehnlich.

Präsident der Stiftung
Prof. Dr. Raphael Gross

Vorsitzender des Kuratoriums
Ministerialdirektor Dr. Günter Winands

Allerdings ist es leider auch so, dass Plastiktüten eine Menge konservatorische Probleme verursachen und ihre Lebensdauer begrenzt ist. Aus diesem Grund haben wir uns hier im Haus entschieden, keine Plastiktüten mehr in die Sammlung aufzunehmen. Andere Museen machen das immer häufiger auch so.

Commerzbank AG
BLZ 100 800 00
Kto 06 811 000 00

IBAN DE67 1008 0000 0681 1000 00
BIC DRESDEFF100

Deshalb kann ich leider auf Ihr freundliches Angebot betr. Ihre privaten Plastiktüten nicht eingehen. Ich bitte dafür um Ihr Verständnis. Vielleicht finden Sie zukünftig einen privaten Sammler, der an Ihrem Bestand Interesse hat.

Id-Nr. DE 263164535
StNr. 29/667/03686

Nochmals vielen Dank für Ihr Angebot und
mit freundlichen Grüßen

Prof. Dr.
Leiterin Sammlung Alltagskultur

Mathilde Jägers

Gehnbachstr. 219

66386 St. Ingbert

Porsche Deutschland GmbH

Porschestr. 1

74321 Bietingheim-Bissingen

St.Ingbert/Saar, den 7.6.2017

Sehr geehrte Damen und Herren!

Zunächst muß ich einmal vorwegschicken, daß wir
nie Autos von Ihnen gefahren sind, was auch mit dem
oberen Preissegment, in dem diese sich befinden,
zu tun gehabt haben mag. Nun aber erwäge ich doch
, was mit dem Alter zu tun hat, auf mehrfahren Rat
zweier Freundinnen, einen Hacken-Porsche, der das
Einkaufen erleichtern soll, zu kaufen. Da ich
mich vor größeren Anschaffungen gerne ausführ-
lich informiere, bitte ich um Zusendung von Infor-
mationmaterial. Dazu möchte ich sagen, daß ich nur
noch sehr selten überhaupt Auto fahre und generell
nie an einer rasanten Fahrweise interessiert war.
Darum wäre ich dankbar, wenn Sie mir gleich ein
eher langsames Modell, daß auch von der Generation 75+
beherrscht werden kann, empfehlen, bitte mit Preis-
angaben inkl. MwSt. und Bestell-Coupon.

Mit freundlichen Grüßen

Porsche Deutschland GmbH · Porschestraße 1 · 74321 Bietigheim-Bissingen

Frau
Mathilde Jägers
Gehnbachstr. 219
66386 St. Ingbert

Porsche Deutschland GmbH
Porschestraße 1
74321 Bietigheim-Bissingen
Telefon +49 (0) 711 911 –
Telefax +49 (0) 711 911 –
@porsche.de

Ihre Nachricht vom	Ihre Zeichen	Unsere Zeichen	Datum
07.06.2017		PDA/5372084	21.06.2017

Ihre Anfrage

Sehr geehrte Frau Jägers,

vielen Dank für Ihren Brief an die Porsche Deutschland GmbH. Wir wurden gebeten, uns um Ihr Anliegen zu kümmern und Ihnen zu antworten.

Um uns ein genaues Bild machen zu können, brauchen wir ein wenig Zeit. Wir melden uns schnellstmöglich wieder bei Ihnen.

Bitte haben Sie bis dahin Geduld.

Mit freundlichen Grüßen
Porsche Deutschland GmbH

Spezialist Kundenmanagement   Spezialist Kundenmanagement

»Nach einiger Zeit kam keine Antwort mehr«

Mathilde Jägers

Gehnbachstr. 219

66386 St. Ingbert

Modeboutique Hermès

Goethestr. 25

60313 Frankfurt a.M.

St. Ingbert, den 5. Mai 2017

Betr.: Anfrage zwecks Zusammenarbeit

Sehr geehrte Damen und Herren!

Bonjour Mesdames et Messieurs!

Vertraulich wende ich mich an Sie, da es um den besonderen
Fall meiner Enkelin Vanessa, 24 J., geht. Es ver-
hält sich so, daß für sie das Beste immer nur gerade
gut genug ist und ich weiß, daß sie die Waren aus Ihrer
Boutique besonders gerne mag. Dagegen schätzt sie die
Pullover, die ich für sie stricke und die von mir genähten
Blusen überhaupt nicht mehr. D.h., sie freut sich zwar
oder tut so, aber anziehen tut sie sie nicht danach. Jedenfalls sehe ich sie nie darin. Sehr drängt sich mir der
Verdacht auf, daß ihr m,eine Klewidungsstücke nicht gefallen, weil sie eben von mir gefertigt sind.!
Daher folgender Plan: Wir schicken sie unter einem Vorwand
zu einem bestimmten Zeitpunkt zu Ihnen ins Geschäft und
dort hängt dann neben verschiedenen anderen Blusen auch
eine Bluse, die ich für sie genäht habe. Meine Enkelin
weiß das natürlich nicht! Sie bzw. Ihre Verkäuferinnen
sagen Vanessa, daß die Bluse 650 Euro kostet z.B..

Und dann wollen wir doch mal sehen, ob sie die Bluse nicht unbedingt habenm will! Durch einen Vorwand hätte sie sogar so viel Geld dabei an diesem Tag und sie könnte die Bluse bei Ihnen "kaufen" (Sie müsten mir aber das Geld danach bitte wieder zurückgeben).

Etwas anderes dürfte sie sich für das Geld im Geschäft nicht kaufen!! Das müsste vorher klar sein.

Man könnte es auch so machen, daß ich im Geschäft mit dabei bin, in einem Hinterzimmer versteckt und erst dann auftauchte, wenn sie "bezahlt" hat. Ihre Verkäuferin könnte sage: Zufälligerweise ist die Schniderin der Bluse gerade zu Besuch aus Frankreich. Und dann komme ich ! Was wärde Vanessa wohl für Augen machen.

Da ich sie nicht nur vorführen möchte, sondern Ihr etwas beibringen möchte, dürfte sie sich z.B. einen Schal bei Ihnen aussuchen danach. Damit hätte Ihr Geschäft dann auch etwas von dem Ganzen.

Ich bin sehr gespannt, was Sie von dieser Idee insgesamt halten und bin für kleine Änderungen des "Programms" aufgeschlossen. Vielleicht haben Sie ja selbst auch Vorschläge zu machen.

Ich verbleibe mit freundlichen Grüßen,

Ihre

HERMÈS
PARIS

Sehr geehrte Frau Jägers,

herzlichen Dank für Ihren freundlichen Brief und das uns entgegengebrachte Vertrauen. Dem von Ihnen geschilderten Wunsch können wir leider nicht nachkommen, da dies nicht den vorgegebenen Richtlinien unseres Hauses entspricht. Wir danken für Ihr Verständnis und würden uns freuen, Sie bald einmal in unserer Hermès Boutique Frankfurt persönlich begrüßen zu dürfen.

Mit freundlichen Grüßen,

HERMÈS FRANKFURT – GOETHESTRASSE 25 – 60313 FRANKFURT – TEL. +49 (0)69-29 80 283

Mathilde Jägers
Gehnbachstr. 219
66386 St. Ingbert

Nespresso Deutschland GmbH
Speditionsstr. 23
40221 Düsseldorf

St. Ingbert/Saar, den 4. Jnui 2017

Sehr gehrte Damen und Herren!

Mein Sohn hat mir zum Geburtstag eine Kaffeemaschine
von Ihnen gekauft. Ich war zwar mit meinem Altgerät
soweit zufrieden, aber ich möchte sein
Geschenk nun auch nicht zurückweisen. Nun ist es
nur so, daß ich seit Jahren eigentlich nur noch Kaffee
Hag trinke, auch aus Gründen der Bekömmlichkeit.
Im Supermarkt konnte man mir nicht sagen, wie ich
die neue Maschine mit Kaffee Hag betreiben kann.
Daher wende ich mich nun direkt an Sie als Hersteller,
da ich auch in der Betriebsanleitung dazu nichts
finden konnte. Wenn Sie mir das bitte erklären könnten.
Ab und zu, wenn Besuch da ist, verwende ich auch
Melitta-Kaffee mit Koffein. Dazu hätte ich dann im
Grunde auch die gleiche Frage.
Muss ich den losen Kaffee in die Döschen befüllen
oder geht es auch ganz normal mit Filter?

Mit freundlichen Grüßen nach Düsseldorf!

Frau
Mathilde Jägers
Gehnbachstr. 219

66386 St. Ingbert

Düsseldorf, den 13. Juni 2017

Ihre Anfrage an den Nespresso Club

Sehr geehrte Frau Jägers,

vielen Dank für Ihre Anfrage und Ihr Interesse an *Nespresso*.

Ihre *Nespresso* Maschine ist für den Betrieb mit Original *Nespresso* Kapseln vorgesehen. Unser System ist so abgestimmt, dass Sie mit diesen Kapseln immer ein optimales Ergebnis erhalten.

Bitte haben Sie dafür Verständnis, dass wir keine Stellungnahme zu anderen Herstellern geben können. Selbstverständlich können Sie diese zu Ihrer Frage kontaktieren.

Ich gehe davon aus, dass Sie aufgrund der Vielfalt unserer Varietäten auch die für Sie passende Sorte in unserem Sortiment finden. Hier erhalten Sie selbstverständlich auch milde Sorten ohne Koffein.

Für eine optimal auf Ihren Geschmack zugeschnittene Beratung empfehle ich Ihnen, dass Sie uns telefonisch unter der gebührenfreien Rufnummer 0800 18 18 444 kontaktieren.

Unsere Kaffeespezialisten nehmen Ihren Anruf gerne entgegen und stehen Ihnen 24 Stunden am Tag, 7 Tage die Woche zur Verfügung, um Ihnen alle Fragen zu beantworten.

Mit freundlichen Grüßen aus Düsseldorf

i.A.
Nespresso Club

NESPRESSO DEUTSCHLAND GMBH · SPEDITIONSTRASSE 23 · 40221 DÜSSELDORF · TEL. 0800-18 18 444 · FAX 0800-18 18 400 · www.nespresso.com
GESCHÄFTSFÜHRER: NIELS KUUER, HUBERT STÜCKE · AMTSGERICHT DÜSSELDORF HRB 49209

Mathilde Jägers

Gehnbachstr. 219

66386 St. Ingbert

Hotel Adlon

Unter den Linden 77

10117 Berlin

St. Ingbert/ Saar, den 18. Mai 2107

Sehr geehrte Damen und Herren,

im Herbst diesen Jahres plane ich einen zweiwöchigen
Berlin-Urlaub und ziehe dabei eine Übernachtung in Ihrem
Haus in Betracht. Es ergibt sich, da ich bereits zum
"älteren Semester" gehöre, das klitzekleine Problem,
daß ich, was Ferseh-Fernbedienungen anbelant, nicht
mehr sehr flexibel bin. Ich komme praktisc nur noch mit
der eigenen Fernbedienung zurecht, da ich diese gewöhnt
bin. Daher wäre die vorab zu klärende Frage, ob Sie es
mir möglich machen können, daß ich Ihren Fernseher im
Hotelzimmer dann mit meiner privaten Fernbedienung
bedienen könnte.
Der Fernseher, zu dem die Fernbedienung ursprünglich
paßt, ist ein Gerät des Herstellers Metz, Typen-Bezeich-
nung 82 TN 95.

In Erwartung einer positven Antwort verbleibe ich
mit freundlichen Grüßen

Hotel Adlon Kempinski

BERLIN

Frau
Mathilde Jägers
Gehnbachstr. 219
66386 St. Ingbert

Freitag, 2. Juni 2017

Ihre freundliche Anfrage

Sehr geehrter Frau Jägers,

herzlichen Dank für Ihr Interesse am Hotel Adlon Kempinski Berlin.

Wir würden uns sehr freuen, Sie diesen Herbst im Hotel Adlon Kempinski Berlin begrüßen zu dürfen.

Bitte zögern Sie nicht uns Ihre Reisedaten zu geben, dann können wir gern ein individuelles Angebot für Sie prüfen.

Bezüglich Ihrer Anfrage hatten wir heute die Möglichkeit mit unserer Technik Abteilung zu sprechen. Gern besteht die Möglichkeit eine eigene Fernbedienung zu nutzen, allerdings nur wenn es sich hierbei um eine Universalfernbedienung handelt.

Seien Sie versichert, dass wir Ihnen auch jederzeit zur Verfügung stehen und wir Sie gern bei Herausforderungen unterstützen.

Sollten Sie noch Rückfragen haben, so stehen wir Ihnen unter der Durchwahl +49 30 2261 ▇▇▇ jederzeit gern zur Verfügung.

Wir würden uns sehr freuen, Sie im Hotel Adlon Kempinski Berlin Willkommen zu heißen!

Mit freundlichen Grüßen,

Reservierung

Unter den Linden 77 T +49 30 2261 0
10117 Berlin Deutschland F +49 30 2261 2222
www.kempinski.com reservation.adlon@kempinski.com

Hotel Adlon GmbH
Amtsgericht Charlottenburg HRB 85703
Geschäftsführer: Matthias Al Amiry, Markus Semer, Colin Lubbe, Bernold Schröder
Steuernr. 37/487/20590, Ust.-Id.-Nr. DE 136750600
Bankverbindung: Commerzbank AG Berlin
IBAN: DE60 1008 0000 0940 5501 00, SWIFT: DRESDEFF100

Mathilde Jägers

Gehnbachstr. 219

66386 St. Ingbert

An die

Karlsberg Brauerei GmbH

66424 Homburg

St. Ingbert, den 17.3.2017

Sehr geehrte Damen und Herren!

Ursprünglich haben mein Mann und ich früher ausschließlich Becker's Bier aus St. Ingbert getrunken, seit Sie
die aber dicht gemacht haben, haben wir uns langsam aber
stetig an Ihr Bier gewöhnt, also an Karlsberg Urpils.
Nun hat uns unser Enkel erzählt, daß es inzwischen ein
neues Bier gibt, nämlich das Kraft-Bier. Bei meinem
Mann ist es noch nicht so schlimm, aber ich vor allem
habe in den letzten Jahren körperlich doch ein wenig
abgebaut, so daß ich dieses Kraft-Bier sehr gerne einmal ausprobieren würde. Teilen Sie mir doch bitte mit,
wo ich es in St. Ignbert kaufen kann, da es auf Anhieb
nicht geklappt hat. Ist auch ein Liefer-Servise möglich?
Und wäre es denkbar, daß wir erst mal ein oder zwei
Fläschchen zur Probe kriegen, denn schmecken sollte e
uns ja auch.

Mit freundlichen Grüßen

Frau
Mathilde Jägers
Gehnbacherstr.219
66386 St.Ingbert

07.06.2017
Ihr Ansprechpartner:

☎ (06841) 105-500
📠 0180 111 1971
✉ karlsberg@trendoffice.net

Sehr geehrte Frau Jägers,

vielen Dank für Ihr Schreiben vom 17.03.2017.

Ein Craftbeer in dem Sinne haben wir leider nicht. Außer natürlich unser Karlsberg Helles, das durchaus nach heute gängigen Voraussetzungen für ein Craftbeer hergestellt ist.

Als eine kleine Probieraktion senden wir Ihnen einen Gutschein für eine Kiste Karlsberg Helles. Diesen können Sie bei jedem niedergelassenen Getränkemarkt einlösen.

Wir hoffen, Ihnen damit eine kleine Freude zu machen.

Beste Grüße vom

KARLSBERG SERVICE TEAM

Mathilde Jägers

Gehnbachstr. 219

66386 St. Ingbert

Atout France

Französische Zentrale für Tourismus

Postfach 100128

60001 Frankfurt am Main

St. Ingbert/Saar, den 20. Mai 2017

Sehr geehrte Damen und Herren!

Bonjour Messieurs et Mes Dames!

Nicht mehr sehr oft, aber doch immer noch ab und
zu reise ich mit dem Zug nach Metz, um dort mit
meiner Freundin einzukaufen und Kaffee zu trinken.
Es liegt ja gewissermaßen vor der Haustür! Früher
sind wir auch viel nach Paris, aber das ist uns inzwischen im Alter zu viel geworden.
Nun bin ich durch Radio-Berichte aufgeschreckt
worden vom Franc national. Zuletzt hatten wir ja
in Metz immer ganz normal mit dem Euro bezahlen
können. Wenn jetzt wieder der Franc kommt, was ist
dann zu beachten? Müssen wir wieder Geld umtauschen?
Ist der neue Franc national dasselbe wie der Franc
vorher? Kann ich also meine alten Münzen, die ich
noch habe, dann wieder ausgeben? Ich habe noch
cirka 72,50 Franc übrig, insfern käme mir das Ganze
auch gelegen. Bitte teilen Sie mir alles Nähere mit,
auch über den Wechselkurs wurde im Radio nichts gesagt.

Mit freundlichen Grüßen   Mathilde Jägers

 france.fr

Frankfurt, 30. Mai 2017 /

Frau Mathilde Jägers
Gehnbachstr. 219
66386 St. Ingbert

Sehr geehrte Frau Jägers,

In Beantwortung Ihres Schreibens vom 20. Mai 2017 dürfen wir Sie darüber unterrichten, dass es sich um eine phonetische Verwechslung handelt:

Die Front National ist eine politische Partei des rechten Spektrums in Frankreich, über die in den Medien derzeit viel berichtet wird. Es handelt sich also nicht um die Währung: Frankreich ist in der EU, und die gültigeWährung ist der Euro ...

Mit freundlichen Grüßen,

Ihr Team Atout France

ATOUT FRANCE – Französische Zentrale für Tourismus Bankverbindung: Postbank
Postfach 100128 - 60001 Frankfurt/Main   info.de@atout-france.fr   Konto-Nr.:270860605 / IBAN : DE35 5001 0060 0270 8606 05
Allemagne / Deutschland   http://de.france.fr/   BLZ: 50010060 / BIC:: PBNKDEFF

Mathilde Jägers

Gehnbachstr. 219

66386 St. Ingbert

Vitra Design Museum

Charles-Eames-Str. 2

79576 Weil am Rhein

St. Ingbert/ Saar, den 20.5.2017

Sehr geehrte Damen und Herren!

Der Grund, weshalb ich Ihnen diese Zeilen schicke, ist
mein Mann Horst Jägers. Ich late Ihn für einen der be-
gabtesten Designer, die noch leben. Alles begann 1958
mit einer Lehre zum Maurer, was ihn aber nicht abhielt
sich für andere Handwerke zu interessieren. Seit wir
unsere gemeinsames Haus bezogen im Jahr 1972, hat er
praktisch alle erdenklichen Möbel aus den ausgefallen-
sten Materialen hergestellt, wobei ein Schwerpunkt
sihcer im Bereich Beton zu sehen ist. Wir haben bis
heute einen Gartentisch aus Beton, Blumenkübel aus
Beton und sogar eine zierliche Muttergottes, gegossen
aus Beton. Mit diesem Material war er stets seiner Zeit
weit voraus! In unserem Bekanntenkreis kennen und
schätzen alle seine Werke, aber nun, da er auf die
80 zugeht, ist es an der Zeit, daß man sich auch einmal außerhalb des Saarlandes seiner Leistung bewußt wird!
Dazu lade ich Sie recht herzlich ein, daß ein oder zwei
Professoren von Ihnen einmal in unserem Haus und Garten
die Gelgenheit haben, sich umzuschauen, um sich ein
erstes Bild zu machen vom Gesamtwerk. Sie können

bei dieser Gelegenheit auch gleich ein paar der Stücke,
die Ihnen besonders gut gefallen mitnehmen und zwar
unentgeldlich, da es mir nicht um eine finanzielle
Ausbeute geht. Einige der Betonmöbel sind durch unser
Älterwerden auch zunehmend unpraktisch geworden, aber
dieser Aspekt soll nicht im Vordergrund stehen.
Wenn Sie aber zum Beispiel den Gartentisch (durchmesser
130 cm) gleich mitnehmen wollen, wäre das, denke ich
kein Problem. Nur sollten Sie dann mit einem genügend
großen Lastwagen anreisen.
Bevor ich mich jedoch in den Details verliere, würde es
mich auch interessieren, ob, je nach dem auch eine
Einzelaustellung, die den Namen meines Mannes trägt,
in nicht allzu ferner Zunkunft denkbar sein könnte.

Mit herzlichen Grüßen ins schöne Weil am Rhein!

**Vitra
Design
Museum**

Frau
Mathilde Jägers
Gehbachstr. 219

66386 St. Ingbert

Weil am Rhein, 7. Juni 2017

Ihr Brief vom 20. Mai 2017

Sehr geehrte Frau Jägers,

vielen Dank für Ihren Brief vom 20. Mai mit der Beschreibung der Betonmöbeln Ihres Mannes,
aber leider liegt der Schwerpunkt unserer Sammlung auf Objekte, die in industrieller Serie hergestellt wurden, und aus diesem Grund sowie anderer Prioritäten für unsere Sammlung, werden
wir die Objekte Ihres Mannes nicht übernehmen können, und hoffen sehr auf Ihr Verständnis
hierfür.

Trotzdem noch einmal ganz herzlichen Dank für Ihr Interesse und Ihre freundliche Aufmerksamkeit.

Mit freundlichen Grüßen

Curator of the Collection

T +49.7621.702.█████
F +49.7621.702.█████
███████████@design-museum.de

Vitra Design Stiftung gGmbH, Charles-Eames-Straße 2, D-79576 Weil am Rhein
T +49.7621.702.3200, F +49.7621.702.3590, info@design-museum.de, www.design-museum.de
Geschäftsführung: Dr. Rolf Fehlbaum, Nora Fehlbaum, Sitz der Gesellschaft: Weil am Rhein, HRB Freiburg Nr. 413299, USt-IdNr. DE 813348482

Mathilde Jägers
Gehnbachstr. 219
66386 St. Ingbert

An den
Duden-Verlag
Mecklenburgische Str. 53
14197 Berlin

St. Ingbert, den 17. 3. 2017

Sehr geehrte Damern und Herren,

Ich wende mich mit einer Frage an Sie, die letzthin zwischen meinen Freundinnen, bzw. zwischen einer Freundin
und mir, für Diskussionen wenn nicht gar für einen kleinen
Streit gesorgt hat. Wir sind alle drei leidenschaftliche
Flohmarkt-Gängerinnen , nun aber behauptete kürzlich die
besagte Freundin, es hieße gar nicht mehr Flohmarkt, sondern "Vintage". Sie wusste selbst nicht genau, ob das aus
dem Französischen oder Englischen kommen soll. Ich habe
das Wort so jedenfalls noch nicht gehört und ich kann mir
auch nicht vorstellen, daß es das neue Wort für Flohmarkt
ist. Daher bitte ich um kurze schriftliche Bestätigung,
daß ich mich meiner Vermutung richtig liege.

Mit freundlichen Grüßen

| DUDEN · MEYERS · ARTEMIS & WINKLER | BIBLIOGRAPHISCHES |
| CORNELSEN SCRIPTOR | INSTITUT GMBH |

Bibliographisches Institut GmbH Postfach 33 01 09 · 14171 Berlin

Frau
Mathilde Jägers
Gehnbacherstraße 219
66386 St. Ingbert

Postalische Anschrift:
Mecklenburgische Straße 53
14197 Berlin
Postfach 33 01 09
14171 Berlin

Hausanschrift:
Bouchéstraße 12 // Haus 8 und 11
12435 Berlin

24.06.2017

Ihre Anfrage vom 05.04.2017 (Eingang)

Sehr geehrte Frau Jägers,

vielen Dank für Ihre Zuschrift. Wir freuen uns, dass Sie sich mit einer Anfrage an die Duden-Sprachberatung wenden.

Das Wort Vintage (engl. *vintage* = altmodisch, aus einer bestimmten Zeit, klassisch; als Hauptwort: altes Modell, Oldtimer) bezeichnet bei Kleidung, Möbeln, Musikinstrumenten, Schmuck, Accessoires, Bildern, Fahrzeugen oder anderen Gebrauchsgegenständen ein Erscheinungsbild, das wirkt, als sei der Gegenstand auf dem Flohmarkt gekauft worden. In der Mode versteht man unter Vintage ein Kleidungsstück aus einer älteren Kollektion eines Designers. Der Begriff leitet sich vermutlich von der Verwendung in der Weinkunde ab, wo *Vintage* den Jahrgang oder die Lese eines Weines bezeichnet.

Für Ihr Interesse an der deutschen Sprache und der redaktionellen Arbeit unseres Hauses danken wir Ihnen. Wir freuen uns, wenn wir Sie auch weiterhin zu den aufmerksamen Nutzern der Produkte unseres Verlags zählen dürfen.

Mit freundlichen Grüßen

Duden-Sprachberatung

Mathilde Jägers

Gehnbachstr. 219

66386 St. Ingbert

Bundesanstalt für Landwirtschaft und Ernährung

Deichmanns Aue 29

53179 Bonn

St. Ingbert, den 25.6.2017

Sehr geehrte Damen und Herren!

Wie in der Zeitung zu lesen war, haben Sie einen Antrag gestellt
daß die Schwarzwälder Kirsch-Torte künftig EU-weit unter
Schutz gestellt wird. Dagegen habe ich gar nichts auch
wenn ich zugeben muß, daß diese Torte nicht zu meinen
Lieblingskuchen bzw -torten zählt. Was ich aber schon
finde, daß wenn Sie diese Torte unter Schutz stellen
lassen, daß Sie dann auch den Rahmkuchen unter schutz
stellen. Dieser Kuchen ist sehr typisch für das Saarland
und wird von mir mindestens einmal im Monat zubereitet.
Soweit ich weiß, wird er so wie von mir nicht außerhalb des Saarlandes gebacken. Sie können gerne einen Mitarbeiter von Ihnen vorbeischicken, damit er sich über
die Herstellungsweise vor Ort informiert. Sie müssten
meinen Namen auch gar nicht mit schützen lassen, es geht
mir um den Rahmkuchen als solchen und nicht darum, daß
ich berühmt werde. Ich könnte auch noch ein paar weitere Kuchen vorschlagen, aber ich denke, der Rahmkuchgen
wäre ein guter Anfang.

Hochachtungsvoll

M. Jägos

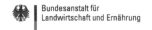 Bundesanstalt für Landwirtschaft und Ernährung

Bundesanstalt für Landwirtschaft und Ernährung, 53168 Bonn

Frau
Mathilde Jägers
Gehnbachstr. 219
66386 St. Ingbert

ANSCHRIFT
Verbraucherlotse
Stabsstelle 73
53168 Bonn

UST.-ID.-NR.
DE 114 110 249

BEARBEITET VON

TEL

info@verbraucherlotse.de
www.verbraucherlotse.de

10.07.2017

Geschützte Herkunftsangaben und traditionelle Spezialitäten

Bezug: Ihr Schreiben vom 25.06.2017
Bearbeitungsnummer: **2017062910000304**

Seite 1 von 3

Sehr geehrte Frau Jägers,

vielen Dank für Ihr oben genanntes Schreiben an die Bundesanstalt für Landwirtschaft und Ernährung (BLE). Der „Verbraucherlotse" des Bundesministeriums für Ernährung und Landwirtschaft (BMEL) wurde bei der BLE als zentrale Anlaufstelle für Bürgeranfragen eingerichtet. Hiermit möchten wir auf ihr Anliegen zum Schutz des Rahmkuchen aus dem Saarland antworten.

Sie wenden sich an die BLE mit dem Anliegen, ein Lebensmittelprodukt besonders zu schützen. Der Rahmkuchen aus dem Saarland solle ihrer Meinung nach ebenso unter Schutz gestellt werden wie die Schwarzwälder Kirschtorte. Ihre Darstellungen dazu haben wir mit Interesse verfolgt.

Das BMEL weist in dem Beitrag „Schutz von Herkunftsangaben und traditionellen Spezialitäten" auf seiner Internet-Seite darauf hin, dass Herkunftsangaben und garantiert traditionelle Spezialitäten für landwirtschaftliche Erzeugnisse und Lebensmittel durch EU-Recht geschützt werden können. Zum Schutz und zur Förderung traditioneller und regionaler Lebensmittelerzeugnisse wurden die EU-Gütezeichen "**g.U.**" (geschützte Ursprungsbezeichnung), "**g.g.A.**" (geschützte geografische Angabe) und "**g.t.S.**" (garantiert traditionelle Spezialität) eingeführt. Für die jeweiligen Gütezeichen gibt es auch ein entsprechendes Logo. Den Beitrag mit allen Details finden Sie übrigens als Ausdruck in den Anlagen zu diesem Schreiben.

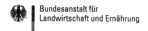

Für die „Schwarzwälder Kirschtorte" wurde von der *Schutzgemeinschaft Schwarzwälder Kirschtorte* ein Antrag bei der BLE gestellt, um dieses Produkt als garantiert traditionelle Spezialität (g.t.S.) schützen zu lassen. Dieser Antrag wurde abgelehnt; das heißt, es besteht zur Zeit keine Eintragung für die Schwarzwälder Kirschtorte.

Über die Datenbank „DOOR" (Database Of Origin & Registration) bietet die Europäische Kommission einen Einblick zu bereits erfolgten Eintragungen an. Bei Deutschland findet man dort beispielsweise eine Eintragung für den „Dresdner Christstollen" als geschützte geografische Angabe (Klasse 2.4 Backwaren, feine Backwaren, Süßwaren oder Kleingebäck). Zu den Kriterien dieser Eintragung gehören besondere Erzeugungsschritte, die in dem abgegrenzten geografischen Gebiet erfolgen müssen.

Die BLE ist zuständig für die Durchführung der Verfahren für garantiert traditionelle Spezialitäten (g.t.S.) bei Agrarerzeugnissen und Lebensmitteln (Lebensmittelspezialitätengesetz (LSpG) und VO (EG) Nr. 1151/2012) sowie die Durchführung des nationalen Vorverfahrens bei Anträgen auf Schutz einer Ursprungsbezeichnungen (g.U.) und geschützte geografische Angabe (g.g.A.) für Erzeugnisse des Weinbaus (Paragraph 22 c Weingesetz).

Die Voraussetzungen, das Verfahren und die Kontrollen sind auf dem Internet-Portal der BLE genauer beschrieben. Dort stehen ebenfalls die benötigten Formulare frei zur Verfügung.

Eine Antragstellung für Herkunftsangaben und traditionelle Spezialitäten ist grundsätzlich möglich, sofern die jeweiligen Kriterien erfüllt werden können. In diesem Zusammenhang wird bei Eintragungen auch auf historische Belege, bestimmte interne Qualitätsprüfungen, geografische Besonderheiten oder ähnliches verwiesen. Die Ausarbeitung einer treffenden Beschreibung erfolgt in der Regel durch einen Verein, eine Gemeinschaft oder entsprechende Einrichtungen. Nach der Einreichung eines Antrags (wie vorab beschrieben) kann darüber entschieden werden, ob dieser in der vorliegenden Form bewilligt werden kann. Im Falle einer Eintragung besteht dann auch der gewünschte „Schutz".

Hier noch eine Auflistung der Quellangaben und Internet-Adressen, die Sie im Ausdruck als Anlage zu diesem Schreiben finden:

BMEL, Schutz von Herkunftsangaben und traditionellen Spezialitäten
http://www.bmel.de/DE/Landwirtschaft/Agrarpolitik/1_EU-Marktregelungen/_Texte/GeschuetzteBezeichnungen.html

Europäische Kommission, EU-Qualitätspolitik für Agrarerzeugnisse
https://ec.europa.eu/agriculture/quality_de

Europäische Kommission, Datenbank "DOOR"
http://ec.europa.eu/agriculture/quality/door/list.html

BLE, Garantiert traditionelle Spezialitäten
http://www.ble.de/DE/Themen/Ernaehrung-Lebensmittel/EU-Qualitaetskennzeichen/Garantiert-traditionelle-Spezialitaeten/garantiert-traditionelle-spezialitaeten_node.html

Wir hoffen, wir konnten mit diesen Hintergrundinformationen zu einem besseren Verständnis des Sachverhalts beitragen.

Mit freundlichen Grüßen
im Auftrag
Team Verbraucherlotse

Verbraucherlotse für Ernährung, Landwirtschaft und gesundheitlichen Verbraucherschutz des
Bundesministeriums für Ernährung und Landwirtschaft
bei der Bundesanstalt für Landwirtschaft und Ernährung

Mathilde Jägers
Gehnbachstr. 219
66386 St. Ingbert

TUI ReiseCenter
Bahnhofstr. 31-33
66111 Saarbrücken

St. Ingbert, den 25.6.2017

Sehr geehrte Damen und Herren!

Zuletzt habe ich mit meinen 83 Jahren keinen Urlaub
mehr gemacht oder wenn, dann in der näheren Umgebung
(Busreisen). Davon möchte ich nun abkehren und plane
aus Gründen, die ich nicht näher erläutern möchte,
eine Reise entweder nach Panama, die Bahamas oder
Vanatua. Eventuell käme auch Liechtenstein in Betracht.
Die Reise hätte zum Teil privaten als auch geschäftlichen
Charakter. Sie sollte max. 7 Tage dauern und alles
sollte vorab gebucht und organisiert sein. Evtl.
wäre es gut, vor Ort tage-/stundeweise einen Übersetzer zu haben, der mir bei behördlichen Vorgängen o.ä.
hilft. Bitte bereiten Sie mir auch dazu einen vorschlag.
Außerdem möchte ich gleich eine Reiseversicherung abschließen, die auch den Verlust von Wertsachen/Bargeld
mit einschließlt.
Bitte machen Sie mir doch am besten ein oder zwei Pau-
schalangebote, aus denen ich dann nur noch auswählen
kann.

Hochachtungsvoll

M. Jägers

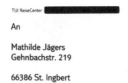

TUI ReiseCenter

An

Mathilde Jägers
Gehnbachstr. 219

66386 St. Ingbert

Name
Durchwahl Tel. +49
Fax Fax +49
E-Mail @tui-reisecenter.de
Datum 7.7.2017

TUI Deutschland GmbH

Telefon +49
Fax +49
tui-reisecenter.de
w.tui-reisecente

Vorsitzender des Aufsichtsrates:
Horst Baier
Geschäftsführung:
Marek Andryszak (Vorsitzender),
Stefan Baumert,
Arnd Dunse,
Sybille Reiß

Handelsregister
Amtsgericht Hannover
HRB 62522

Bankverbindung
Commerzbank AG
Düsseldorf
BLZ 300 400 00
Kto. 135 060 200

IBAN:
DE 33 3004 0000 0135 0602 00
BIC: COBADEFFXXX

USt-ID DE242380569
Steuernr. 25/203/57376

Sehr geehrte Frau Jägers,

herzlichen Dank für Ihre Anfrage und die Möglichkeit der Ausarbeitung Ihrer unterschiedlichen Reisewünsche.
Bzgl. Ihrer Anfrage habe ich noch einige konkretere Fragen wie z.B. für wann die Reise geplant ist? Wie soll die Anreise erfolgen! Non Stop Flug, Economy, Premium Eco, Bussiness oder First Class? Welchen Komfort wünschen Sie bei Ihrer Unterkunft! Komforthotel, Luxusklasse, Doppelzimmer, Junior Suite, Suite usw., um nur einige Beispiele zu nennen. Diese Fragen würde ich sehr gerne mit Ihnen zusammen in einem persönlichen Gespräch durchgehen, damit ich Ihnen Ihren Traumurlaub zusammenstellen kann.
Ihrem Wunsch, einen Übersetzer für Behördengänge zu organisieren, können wir leider nicht erfüllen.
Ebenfalls haben wir in unserem Portfolio keinen Reiseschutzanbieter welcher den Verlust/Diebstahl von Bargeld absichert.

Ich hoffe Ihnen vorab schon etwas bei Ihrer Urlaubsfindung geholfen zu haben, und würde mich sehr freuen, wenn Sie sich zwecks eines persönlichen Termines vorab tel. mit mir in Verbindung setzen.

Mit freundlichen Grüßen

Verkaufsbüroleitung
TUI ReiseCenter
TUI Deutschland

Mathilde Jägers

Gehnbachstr. 219

66386 St. Ingbert

Herlitz Büroprodukte

Straße der Einheit 142-148

14612 Falkensee

St. Ingbert, den 23.6.2107

Sehr geehrte Damen und Herren!

Seit einiger Zeit bin ich zufriedene Besitzerin der
Aufkleber von Ihnen mit dem Aufdruck "Stop! Keine
Werbung!", welche ich an meinem Briefkasten angebracht habe. Es funktioniert soweit wirklich ausge-
sprochen gut und zuverlässig. Nur selten "rutscht"
seither noch Reklame durch. Daher plane ich nun in
einem zweiten Schritt, einen Aufkleber mit dem Aufdruck "Keine Rechnungen & Mahnungen" anzubringen, da mir diese
wiederholt Ärger eingebracht haben. Bitte senden
Sie mir den erforderlichen Bestellschein hierfür
zu.

Mit herzlichem Dank!

Pelikan Vertriebsgesellschaft mbH & Co. KG
Postfach 11 07 55   D-30102 Hannover

Mathilde Jägers
Gehnbachstr. 219

66386 St. Ingbert

Falkensee, 7. Juli 2017
herlitz Endverbraucherservice
Fon: +49 (0)30 4393-5161
Fax: +49 (0)30 4393-5160
herlitz.endverbraucherservice@pelikan.com

**Anregung zum Produkt Etikett
„keine Werbung"**

Sehr geehrter Herr Jägers,

vorab möchten wir uns dafür bedanken, dass Sie die Mühe auf sich genommen haben, uns Ihr Anliegen mitzuteilen.

Wir haben Ihre Anfrage an unsere zuständige Abteilung weitergegeben und müssen Ihnen mitteilen, dass Ihr Wunsch nicht umgesetzt werden kann.

Gerne legen wir Ihnen aus Kulanz ein paar blanko Etiketten bei, welche Sie selber – mit Ihren eigenen Wünschen und Vorstellungen – beschriften können.

Wir freuen uns, dass wir Ihnen mit diesem Service weiterhelfen konnten und verbleiben

Mit freundlichen Grüßen

Pelikan Vertriebsgesellschaft mbH & Co. KG
herlitz Endverbraucherservice

i.A.

| Pelikan Vertriebsgesellschaft mbH & Co.KG
Werftstraße 9 · D-30163 Hannover
Telefon +49 (0)511 69 69-0
Telefax +49 (0)511 69 69-212
e-mail: info@pelikan.com
www.pelikan.com | Niederlassung Falkensee:
Straße der Einheit 142-148
D-14612 Falkensee
Telefon +49 (0)30 43 93-0
Telefax +49 (0)30 43 93-34 08
Kodex – Unterzeichner des PBS-Ehrenkodex | Sitz der Gesellschaft:
Hannover
Registergericht:
Amtsgericht Hannover
(HRA 24756) | Persönlich haftende Gesellschafterin:
Pelikan Vertrieb Verwaltungs-GmbH
Sitz der Gesellschaft: Hannover
Registergericht:
Amtsgericht Hannover (HRB 51230)
Geschäftsführer: Torsten Jahn | Commerzbank AG
Kto 700622600 · BLZ 250 800 20
IBAN DE26 2508 0020 0700 6226 00
BIC: DRESDEFF 250
Ust.-Id.Nr.: DE115692598
Steuer-Nr.: 23 25/216/17304 |

Pelikan Geha

Mathilde Jägers

Gehnbachstr. 219

66386 St. Ingbert

Deutscher Kinderschutzbund e.V.

Schöneberger Str. 15

10963 Berlin

St. Ingbert, den 25.6.2017

Sehr geehrte Damen und Herren!

Meine Enkelin, 15 Jahre, soll im Laufe des kommenden

Schuljahres von ihren Eltern nach Japan verschickt

werden! Ich mache mir natürlich große Sorgen deshalb.

So ein ganz fremdes Land kann für ein Kind und sein

Seelenheil ja nicht zuträglich sein. Das Kind spricht

ja noch nicht einmal Japanisch bislang.

Wir hatten früher auch Schüleraustausch, aber da ging

es nach Clomar im Elsaß, nicht gleich ans Emnde der Welt.

Ich nenne hier vorerst keine Namen, weil ich nicht

möchte daß Sie oder das Jugendamt direkt intervenieren.

Für eine Stellungnahme von Ihrer Seite wäre ich jedoch

sehr dankbar, sie soll mir Familien-.intern als

Argumentationshilfe dienen.

Hochachtungvoll

die lobby für kinder

**Deutscher
Kinderschutzbund
Bundesverband e.V.**

Deutscher Kinderschutzbund BV e.V., Schöneberger Str. 15, 10963 Berlin

Frau
Mathilde Jägers
Gehnbachstr. 219
66386 St. Ingbert

Schöneberger Str. 15
10963 Berlin
Tel (030) 214 809-0
Fax (030) 214 809-99
Email: info@dksb.de
www.kinderschutzbund.de

Ihr Zeichen/Ihr Schreiben:	Unser Zeichen:	SB:	Datum:
vom 25.06.2017	MHvA		6. Juli 2017

Sehr geehrte Frau Jägers,

vielen Dank, dass Sie mit Ihrem Anliegen im Deutschen Kinderschutzbund einen kompetenten Ansprechpartner sehen.

Leider kann ich Ihnen aufgrund der fehlenden weiteren Informationen keine Argumentationshilfe an die Hand geben. Die Frage ist ja, was Ihre Enkelin von diesem Plan hält und wie die Rahmenbedingungen für diesen Auslandsaufenthalt sind.

Eine Möglichkeit wäre die, sich an das örtliche Jugendamt zu wenden. Dort muss dann geprüft werden, ob ein solcher Auslandsaufenthalt sozusagen zum Wohl Ihrer Enkelin wäre oder nicht. Auch gibt es in St. Ingbert einen örtlichen Kinderschutzbund. Inwieweit dieser aber personell und fachlich in der Lage ist, hier zu beraten, vermag ich nicht zu beurteilen. Eine weitere Möglichkeit für Sie wäre die Kontaktaufnahme mit einer Erziehungsberatungsstelle in Ihrem räumlichen Umfeld. Dort könnten Sie Ihr Anliegen mit Fachleuten beraten und gemeinsam nach Lösungen suchen, sollten Sie die Kontaktaufnahme mit dem örtlichen Jugendamt scheuen.

In der Hoffnung, Ihnen hiermit weitergeholfen zu haben,
verbleibe ich mit freundlichen Grüßen

stellv. Geschäftsführerin

Bankverbindung
Berliner Sparkasse *Konto 66 03 14 60 60 *BLZ 100 500 00
IBAN: DE53100500006603146060 * BIC: BELADEBEXXX

Spendenkonto
BFS * Konto 74 88 000 * BLZ 251 205 10
IBAN: DE2525120510000 7488000 * BIC: BFSWDE33HAN

Mitglied des Deutschen Paritätischen Wohlfahrtsverbandes   USt.IdNr. DE 115666176 * USt.-Nr. 27/663/60584

Mathilde Jägers

Gehnbachstr. 219

66386 St. Ingbert

An Frau

Maria Krautzberger

Präsidentin des Umweltbundesamtes

Wörlitzer Platz 1

06844 Dessau-Roßlau

St. Ingbert, den 25.6.2017

Sehr geehrte Frau Krautzberger!

Wie Sie sich vielleicht denken können, mache ich mir
große Sorgen um das Plastiktüten-Verbot, das bald in
Deutschland gelten soll. Glücklicherweise verfüge ich
(noch!) über genügend Tüten für den täglichen Gebrauch,
geschätzt ca. 200 Stck. Aber doch herrscht Verunsicherung,
wie es in Zukunft sein wird. Darf man die Tüten noch
im privaten Gebrauch nutzen? Was passiert, wenn man
beim Einkauf auf der Straße damit erwischt wird?
Ist vorgesaehen, daß man die Plastiktüten gegen einen
festen Kurs gegen Jutebeutel o.ä. eintauschen kann?
Und wenn nicht und die Tüten streng verboten werden, kann
ich Sie irgendwo abgeben, ohn daß eine Strafe droht?
Eine ältere Bürgerin (83 Jahre) wäre Ihnen für etwas
Aufklärung in dieseser heiklen Angelegenheit dankbar.

Mit freundlichen Grüßen

M. Jägers

Für Mensch & Umwelt

Umweltbundesamt | Postfach 1406 | 06813 Dessau-Roßlau
**Frau
Mathilde Jägers
Gehnbachstraße 219
66386 St. Ingbert**

Informationen zum Plastiktüten-Verbot

Ihr Schreiben vom 25.6.2017

Sehr geehrte Frau Jägers,

vielen Dank für Ihren Brief.

Frau Krautzberger hat uns gebeten, Ihnen zu antworten und nach Rücksprache mit unserem betreffenden Fachgebiet können wir Ihnen nun folgende Informationen zukommen lassen:

Zunächst einmal möchten wir Sie beruhigen. Sie dürfen Ihren privaten Bestand an Kunststoffbeuteln weiterhin nutzen, und Sie müssen diesbezüglich auch keine Strafen befürchten.
Es ist auch nicht vorgesehen, dass z.B. sämtliche Kunststoffbeutel in Jutetaschen umgetauscht werden.

Vielmehr ist es so, dass Deutschland und Europa wirksame Maßnahmen gegen den sorglosen Umgang mit Kunststofftüten veranlasst haben.
Die Europäische Union hat eine Richtlinie erlassen, um eine Reduktion der Tüten zu bewirken. Das ist die Richtlinie (EU) 2015/720.
Diese Richtlinie wurde in Deutschland durch eine Vereinbarung zwischen dem Einzelhandel und der Regierung umgesetzt. Danach werden die Geschäfte und Kaufhäuser in der Zukunft weniger Tragetaschen aus Kunststoff herausgeben oder einen Obolus erheben.

Wir empfehlen, soweit möglich, eigene Tüten oder Taschen möglichst lange zu verwenden.

Berlin,
11 . Juli 2017
Bearbeiter/in:

Telefon:
+49(0)30 8903-
Fax:
+49(0)30 8903-
E-Mail:
@uba.de
Geschäftszeichen:
90 075/2 - 232

Umweltbundesamt
Wörlitzer Platz 1
06844 Dessau-Roßlau
Tel.: +49 (0)340 21 03-0
Fax: +49 (0)340 21 03-2285
www.uba.de

Dienstgebäude Bismarckplatz
Bismarckplatz 1
14193 Berlin

Dienstgebäude Corrensplatz
Corrensplatz 1
14195 Berlin

Dienstgebäude Marienfelde
Schichauweg 58
12307 Berlin

Dienstgebäude Bad Elster
Heinrich-Heine-Str. 12
08645 Bad Elster

Dienstgebäude Langen
Paul-Ehrlich-Str. 29
63225 Langen

Gedruckt auf Recyclingpapier aus 100 % Altpapier mit dem Blauen Engel.

Ihre Vorgehensweise, Tüten zu sammeln und mehrfach zu nutzen, entspricht den Zielen der Europäischen Union schon recht gut. Es ist auch sehr hilfreich, wenn Sie bei Einkäufen Ihre eigenen Tragetaschen mitbringen. Am besten nutzen Sie die vorhandenen Kunststofftaschen, bis sie kaputt oder unansehnlich sind, und entsorgen Sie sie dann über das Erfassungssystem für Verpackungsabfälle.

Wir hoffen, Ihnen mit dieser Antwort Klarheit verschafft zu haben. Sollten Sie weitere Fragen haben, dürfen Sie sich gerne an uns wenden.

Mit freundlichen Grüßen
im Auftrag

Z4 / Bürgerservice

Mathilde Jägers

Gehnbachstr. 219

66386 St. Ingbert

Schwartauer Werke GmBH & Co. KGaA

Lübecker Str. 49-55

23611 Bad Schwartau

St. Ingbert, den 19.3.2017

Sehr geehrte Damen und Herren!

Ich schreibe Ihnen mit einer dringlichen Bitte bzw.
einem Problem, das ich Ihnen kurz schildern möchte.
Seit ich verheiratet bin, also seit 1963, koche ich
regelmäßig Marmeladen und Geles aus den Früchten, die
wir im Garten haben und zum Teil auch von Früchten, die
ich von den Nachbarsleuten kriege. Allzu große Mengen
sind es eigentlich gar nicht, aber ich kreige die Gläser
in der Familie immer schwerer überhaupt noch los. Und
selbst mein Sohn, der in Berlin wohnt und immer ein paar
Gläser mitnimmt, ißt, habe ich feststellen müssen, fertige
Marmelade aus Ihrem Haus. Generell scheint mir Ihre
Marmelade die Hauptursache zu sein für die Absatzschwierig-
keiten meiner MArmelade. Quitte zum Beispiel kriege ich
gar nicht mehr los. Ich denke, daß es anderen Frauen auch
nicht anders geht. Daher wäre mein Vorschlag zur Güte
und mein dringender Wunsch, daß Sie wenigstens die Mar-
meladesorten der Früchte, die hier wachsen, einschränken
bzw. erheblich verteuern, so daß die selbstgemachte Mar-
meldde wieder interessanter für die jüngere Generation wird.
Sie können sich ja auf Sorten wie MArakuja, Kiwi etc kon-
zentrieren. Da besteht das Problem m.E, nicht. Mit freundl Grüßen

SCHWARTAUER WERKE GmbH & Co. KGaA · 23608 Bad Schwartau

Frau
Mathilde Jägers
Gehnbachstr. 219
66386 St. Ingbert

11.04.2017

Sehr geehrte Frau Jägers,

vielen Dank für Ihren Brief vom 19.03.2017.

Wir freuen uns, dass unsere Konfitüren Ihrer Familie so gut schmecken.

Wir sind immer an Rückmeldungen aus unserem Kundenkreis interessiert, denn dies zeigt uns, ob wir mit unseren Produkten auch die Erwartungen und den Geschmack unserer Kunden treffen.

Als kleines Dankeschön senden wir Ihnen mit diesem Brief gerne einige speziell von den Schwartauer Werken entworfene Briefmarken zu.

Wir danken Ihnen für Ihre Initiative und verbleiben

mit freundlichen Grüßen

i.A.
Verbraucherberatung

SCHWARTAUER WERKE GmbH & Co. KGaA

Anlage

SCHWARTAUER WERKE GmbH & Co. KGaA
Kommanditgesellschaft auf Aktien, Bad Schwartau
HRB Nr. 859 BS, Amtsgericht Lübeck

Adresse
Lübecker Straße 49 – 55, 23611 Bad Schwartau
Telefon: 0451 204 - 0, Telefax: 0451 204 - 385
info@schwartau.de, www.schwartau.de

Komplementäre Schwartauer Werke Verwaltungs-
gesellschaft mbH, Bad Schwartau, HRB Nr. 223 BS,
Amtsgericht Lübeck,
Maximilian de Maizière, Sebastian Schaeffer

Geschäftsführer Sebastian Schaeffer (Vorsitzender),
Dirk Löding, Maximilian de Maizière,
Dr. Sebastian Portius
Vorsitzender des Aufsichtsrats
Dr. Arend Oetker

Bankverbindungen
Commerzbank AG
IBAN: DE26230800400380701000, BIC: DRESDEFF230
HSH Nordbank AG, Kiel
IBAN: DE51210500007053006776, BIC: HSHNDEHHXXX
Deutsche Bank AG
IBAN: DE92230707100045148400, BIC: DEUTDEHH222

Steuernummer: 22 296 1120 1, ID-Nr: DE 221 177 598

Mathilde Jägers

Gehnbachstr. 219

66386 St. Ingbert

Europäische Zentralbank

Sonnemannstr. 22

60314 Frankfurt am Main

St. Ingbert, den 24.6.2017

Sehr geehrte Damen und Herren!

Da ich die politische Diskussion insgesamt verfolge, weiß
ich natürlich, daß sich einige Kräfte in Deutschland um die
Wiedereinführung der D-Mark stark machen. Ich persönlich habe mit dem Euro überhaupt keine Probleme soweit. Was mich allerdings stört und woran ich mich bis
heute nicht wirklich gewöhnen konnte, ist der Cent. Alleine
schon, wie man den ausspricht: eher wie "zent" oder eher wie
"sent"? Und manche sagen ja auch Euro-Cent. Ich gebe zu,
daß ich mich ständig dabei erwische, daß ich stattdessen
von "Pfennigen" spreche wie früher. Als ich das Thema
neulich mit meinen Freundinnen besprach, war gleich große
Übereinstimmung zu verspüren. Wir waren zu fünft allesamt der Meinung, daß eine Rückkehr zum Pfennig eine
gute und wünschenswerte Sache wäre. Vielleicht würde das
auch die Euro-Gegener beschwichtigen. Teilen Sie mir
doch bitte mit, ob das ein gangbarer Weg sein könnte und
wie sieseine Chancen insgesamt einschätzen.

Hochachtungsvoll

EUROPÄISCHE ZENTRALBANK

EUROSYSTEM

Generaldirektion Kommunikation
Information

EZB-ÖFFENTLICH

FINAL

Frau
Mathilde Jägers
Gehnbachstraße 219
66386 St. Ingbert

Frankfurt am Main, 6. Juli 2017

Rückfragen an:
Durchwahl:
E-Mail: info@ecb.europa.eu

Ihr Schreiben vom 24. Juni 2017

Sehr geehrte Frau Jägers,

wir bestätigen den Eingang Ihres Schreibens vom 24. Juni 2017 und haben Ihre Anmerkungen zur Kenntnis genommen.

Wie Sie vielleicht wissen, fallen die Euro-Münzen, anders als die Euro-Banknoten, nach wie vor in den Zuständigkeitsbereich der einzelnen Mitgliedstaaten des Euro-Währungsgebietes. Die Europäische Kommission fungiert in diesem Bereich als Koordinationsstelle. Fragen und Anmerkungen zu den Euro-Münzen richten Sie zuständigkeitshalber daher bitte an:

Europäische Kommission
Generaldirektion Wirtschaft und Finanzen
Abteilung R-4 Externe Kommunikation, BU-1 4/168
1049 Brüssel, Belgien

Mit freundlichen Grüßen

Principal Communications Assistant

Anschrift
Europäische Zentralbank
Sonnemannstraße 20
60314 Frankfurt am Main

Postanschrift
Europäische Zentralbank
60640 Frankfurt am Main

Tel.: +49 69 1344 0
Fax: +49 69 1344 6000
E-mail: info@ecb.europa.eu
Website: www.ecb.europa.eu

Mathilde Jägers
Gehnbachstr. 219
66386 St. Ingbert

GMX
1&1 Mail & Media GmbH
Zweigniederlassung Karlsruhe
Brauerstr. 48
76135 Karlsruhe

St. Ingbert/Saar, den 26.6.2017

Sehr geehrte Damen und Herren!

Mein Enkelsohn hat mich letztendlich überzeugt, von
Post-Briefen auf die elektronischen Emails von Ihnen
umzusteigen. Bevor ich jedoch meine Schreibmaschine
endgültig einmotte und zu Ihnen wechsle, wäre die Frage,
wie genau es preislich bei Ihnen ausschgaut. Was kosten
etwa einseitige Briefe ins Inland und was ins Ausland?
Ab welcher Seitenzahl wird es teurer? Postkarten gibt es,
denke ich auch — was würde die kosten?
Am besten schicken Sie mir bitte ein vollständiges Preis-
verzeichnis.

Mit freundlichen Grüßen

GMX Kundenservice · Brauerstraße 48 · 76135 Karlsruhe

Frau
Mathilde Jägers
Gehnbacher Str. 219
66386 St. Ingbert

Buchungskundennummer:
Datum: 3. Juli 2017

Rechnungsstelle
Telefon: +49 721 960 58 22
(Montag bis Freitag 08:00 bis 18:00 Uhr)

Telefax: +49 721 960 80 40

E-Mail: gmxservices@gmxnet.de

C751127334 - Ihre Anfrage an den GMX Vertragskundenservice

Sehr geehrte Frau Jägers,

vielen Dank für Ihr Schreiben. Sie haben Fragen zum Versand von E-Mails? Selbstverständlich helfen wir Ihnen gerne weiter.

Der Versand von E-Mails mit unseren GMX Tarifen ist grundsätzlich kostenfrei. Egal ob im Inland oder ins Ausland.

Postkarten sind beim Versand von elektronischer Post leider nicht möglich.

Voraussetzung für den Versand von E-Mails, ist die Aktivierung einer E-Mail-Adresse.

Hierzu haben Sie auf der Webseite von GMX unter "E-Mail" und dann unter "Free-Mail E-Mail für alle" die Möglichkeit eine kostenfreie E-Mail-Adresse einzurichten.

Wir hoffen, dass Ihnen diese Informationen weiterhelfen. Bei weiteren Fragen sind wir gerne für Sie da.

Mit freundlichen Grüßen

Ihr GMX Kundenservice

Ihr persönliches Kundencenter finden Sie unter meinaccount.gmx.net.
Hilfe zu GMX Themen finden Sie unter http://hilfe.gmx.net/.

http://gmxnet.de/de/impressum

1&1 Mail & Media GmbH
Zweigniederlassung München
Sapporobogen 6-8
D-80637 München
www.gmx.net

Hauptsitz Montabaur
Amtsgericht Montabaur, HRB 7666
USt-IdNr: DE243413002
Geschäftsführer:
Christian Genis Bigatà Joseph, Jan Oetjen

Kontoinhaber: 1&1 Mail & Media GmbH
BLZ 700 800 00, Commerzbank AG München
Konto 881 679 702
IBAN: DE76 7008 0000 0881 6797 02
BIC DRES DE FF 700

Mathilde Jägers

Gehnbachstr. 219

66386 St. Ingbert

Generalzolldirektion

Am Probsthof 78a

53121 Bonn

St. Ingbert, den 22.6.2017

Sehr geehrte Damen und Herren!

Hiermit möchte ich mich in einer zollrechtlichen Angelegenheit kundig machen. Es geht dabei auch gar nicht
um mich, sondern um eine Bekannte von mir. Diese Bekannte, die mich gewissermaßen vorschickt, möchte
gerne in Erfahrung bringen, ob Sie sich strafbar macht,
wenn sie regelmäßig, wenn Sie auf Besuch in Duisburg
bei Verwandten ist, von dort Waren von Aldi - Nord
in das Gebiet von Aldi-Süd (Saarland) importiert. Und
genauso möchte sie es auch für den umgekehrten Fall
in Erfahrung bringen. Es handelt sich dabei jeweils um
Einkäufe von einem Warenwert deutlich unter 100 Euro,
gemischt Lebensmittel und manchmal auch Kleidung und
sonstige Haushaltsgegenstände (Toaster, Wasserkocher etc.).
Wenn diese Waren wider Erwarten zu verzollen sind,
bittet Sie um Auskunft wie und wo diese anfallenden
Zölle zu errichten wären, da es ja zwischen den beiden
Handelsgebieten keine Zollstationen o.ä. gibt.

Hochachtungsvoll

Generalzolldirektion

ZOLL

Generalzolldirektion, Postfach 12 73, 53002 Bonn

Mathilde Jägers
Gehnbachstr. 219
66386 St. Ingbert

Leitungsstab
Pressearbeit

BEARBEITET VON:

DIENSTORT:
Am Propsthof 78a
53121 Bonn

TEL 0228 303-
FAX 0228 303-
MAIL pressestelle.gzd@zoll.bund.de

POSTANSCHRIFT:
Postfach 12 73
53002 Bonn

www.zoll.de

DATUM: 5. Juli 2017

BETREFF **Anfrage Zollbestimmungen**

BEZUG Ihr Schreiben vom 22.06.2017

ANLAGEN

GZ O 1030 - PA.04 (bei Antwort bitte angeben)

Sehr geehrte Frau Jägers,

ich bedanke mich für Ihre Anfrage vom 22.06.2017 zu möglichen zollrechtlichen Konsequenzen beim Verbringen von Waren aus dem Handelsgebiet von „ALDI NORD" in das Handelsgebiet von „ALDI Süd".

Ihre Fragestellung beantworte ich gerne wie folgt:

Der Warenverkehr innerhalb der Bundesrepublik unterliegt keinen zollrechtlichen Beschränkungen. Die einschlägigen Bestimmungen finden ebenfalls für Warenbewegungen zwischen den Handelsgebieten der Discounter „Aldi Nord" und „Aldi Süd" Anwendung.

Beim Verbringen der Einkäufe von Duisburg ins Saarland müssen Sie bzw. Ihre Bekannte folglich keine zollrechtlichen Konsequenzen befürchten.

Darüber hinaus haben meine umfassenden Recherchen ergeben, dass es im Stadtgebiet Duisburg ausschließlich "ALDI Süd"-Filialen gibt. Mithin würde im geschilderten Fall auch kein „grenzüberschreitender Aldi-Warenverkehr" vorliegen. ;-)

Ich hoffe, ich konnte Ihnen mit meinen Ausführungen weiterhelfen.

Mit freundlichen Grüßen
Im Auftrag

Mathilde Jägers

Gehnbachstr. 219

66386 St. Ingbert

Diözese Speyer

Bischöfliches Ordinariat Speyer

Kleine Pfaffengasse 16

67346 Speyer

St. Ingbert, den 17.3.2017

Sehr geehrte Damen und Herren!

Bislang habe ich die Anschaffung eines Smartphones nicht

für nötig gehalten oder eines Comuters. Da ich nun aber

in der Zeitung gelesen habe, dass der Papst twittert,

habe ich meine Entscheidung überdacht, da ich auf dem

Laufenden sein will, was er sagt, und ich außerdem noch

auf Zack bin, was die Technik anbelangt. Wohl aber bräu-

chte ich in der ersten Zeit der Nutzung des Gerätes und

auch beim Kauf, Auswahl und Anscahlten und Anmelden des

Geräts zumindest am Anfang etwas Hilfe. Daher ergeht meine

Bitte, ob mir jemand aus dem Bistum oder sonst aus der

Kirche dabei zur Seite stehen könnte. Vielleicht haben

Sie ja eh einen seniorengerechten Service für diese

Problematik eingerichtet, an den ich mich nur wenden mös

müsste.

Mit freundlichen Grüßen

BISTUM SPEYER
BISCHÖFLICHES ORDINARIAT

ZENTRALSTELLE
Elektronische Datenverarbeitung

Bischöfliches Ordinariat Speyer · 67343 Speyer
Frau
Mechthild Jägers
Gehnbachstrasse 219
66386 St. Ingbert

Postanschrift: 67343 Speyer
Hausanschrift: Kleine Pfaffengasse 16, 67346 Speyer

Unsere Zeichen: akn-ekr

Bearbeiter:
Telefon: +49 6232
Fax: +49 6232

E-Mail: @bistum-speyer.de
Datum: 10. April 2017

Bitte um Unterstützung Smartphone

Sehr geehrte Frau Jägers,

ich habe ihre Anfrage bezüglich der Anschaffung und der Einrichtung eines Smartphones erhalten.

Gerne können wir versuchen, Sie, soweit es uns möglich ist, zu unterstützen.
Am besten wenden Sie sich dafür direkt an unsere Regionalverwaltung bei Ihnen in St. Ingbert.

Ich werde den Leiter der Regionalverwaltung, Herrn Kleres, über ihren Wunsch informieren.
Er kommt am 19.04. wieder aus dem Urlaub zurück.

Machen Sie vielleicht dann einen Termin mit ihm aus, damit Sie sicher gehen können,
dass sie Herrn Kleres auch antreffen.

Hier die Kontaktdaten unserer Regionalverwaltung

    Regionalverwaltung St. Ingbert
    Karl-August-Woll-Str. 33
    66386 St. Ingbert
    Tel.: 06894 96 305 0

Ich hoffe, wir können Ihnen weiterhelfen.

Ich wünsche Ihnen noch ein frohes Osterfest.
Mit herzlichen Grüßen und Gottes Segen aus Speyer,

Abteilungsleiter Z/6 EDV

Mathilde Jägers
Gehnbachstr. 219
66386 St. Ingbert

Fleurop AG

Lindenstr. 3-4

12207 Berlin

                                        St. Ingbert, den 24.6.2017

Sehr geehrte Damen und Herren!

Vor gar nicht langer Zeit habe ich von meiner Schwägerin
, die in Darmstadt wohnt, einen Blumenstrauß überreicht
bekommen, bei dem nachweislich schon einige Blüten
verwelkt waren. Ich bin mir natürlich sicher, daß
da Absicht im Spiel war! Warum ich das weiß, da möchte ich Sie jetzt gar nicht mit den Einzelheiten be-
lästigen. Fakt ist: Ich möchte mich dafür alsbald
"revanchieren", wenn nämlich jene Schwägerin Ihren
75. Geburtstag feiert. Da ich leider nicht vor Ort
sein kann, müßte ich Ihr einen Blumenstrauß zusenden
und dachte dabei an Ihre Firma. Voraussetzung wäre
nur, daß Sie zwischen die frischen Blumen auch ein paar
schon nicht mehr ganz so frische Blumen (bis verwelkte)
stecken müßten. Ich bin mir im Klaren, daß dies ein
Sonderwunsch ist und würde dafür acuh einen Aufschlag
von sagen wir maximal 5,-- Euro zahlen. Andererseits
können Sie auf diesem Weg ja auch ansonsten unverkäuf-
liche Blumen loswerden, sodaß Sie ggf. auf den Aufschlag verzichten können. Teilen Sie mir hierzu Ihre
Entschiedung mit. Der Strauß sollte etwa 20 Euro
kosten und der Geburtstag wird am 13. August gefeiert.
Lieferort ist wie gesagt Darmstadt.

                Mit freundlichen Grüßen

JEDER VERDIENT BLUMEN.

Fleurop AG · Zentrale · 12200 Berlin

Frau
Mathilde Jäger
Gehnbachstr. 219
66386 St. Ingbert

Berlin, den 05. Juli 2017
me

Ihr Schreiben vom 24.06.2017
Ansprechpartnerin: ███████████, Tel. 030/71371-███

Sehr geehrte Frau Jäger,

wir bedanken uns für Ihr Schreiben vom 05. Juli 2017.

Das bestellte Werkstück wird in jedem Fall vor Ort gemäß Kundenwunsch individuell und frisch zusammengestellt.

Fleurop steht für die gewissenhafte Abwicklung eines jeden Fleurop-Auftrags gerade.

Diese Garantie umfasst

- die Lieferung der bestellten Ware
- in frischer einwandfreier Qualität
- zum vereinbarten Termin
- zu dem Preis, der am Liefertag im ausliefernden Fleurop-Fachgeschäft gilt.

Qualitätsbeanstandungen sollten unter Vorlage der Garantiekarte, die jedem Fleurop-Blumengruß beiliegt, umgehend im ausliefernden Fleurop-Geschäft vorgetragen werden. Wir garantieren 7 Tage Freude an den Blumen - und wir leisten sofort Naturalersatz, sollte dies ausnahmsweise einmal nicht so sein.

Wir bitten um Verständnis, dass wir Ihrem Wunsch nicht nachkommen können, da Fleurop für ausgezeichnete Qualität steht.

Mit freundlichen Grüßen

Fleurop AG
Bereich Kundenservice

Fleurop AG
Lindenstr. 3-4 · 12207 Berlin
Tel. +49 / 30 / 71371-0
Fax +49 / 30 / 71371-198
E-Mail: info@fleurop.de
www.fleurop.de

Vorstand
Dr. Stefan Gegg

Aufsichtsratsvorsitzender
Prof. Dr. Matthias Konle

Handelsregister
Sitz Berlin
Amtsgericht Charlottenburg
HRB 87533
USt-IdNr. DE 136 741 738
Steuernr. 29/050/60204

Bankverbindung
Commerzbank Berlin
Konto Nr. 03 111 131 00
BLZ 100 800 00
IBAN: DE02 1008 0000 0311 1131 00
BIC: DRESDEFF100

Mathilde Jägers

Gehnbachstr. 219

66386 St. Ingbert

Ferrero Deutschland GmbH

Hainer Weg 120

60599 Frankfurt

St. Ingbert, den 23.6.2017

Sehr geehrte Damen und Herren!

Lange habe ich überlegt, wie ich mich, wenn es so weit ist,
beerdigen lassen soll. Aber nun habe ich endlich eine
Lösung gefunden. Ich werde nämlich einen Grabstein an-
fertigen lassen, der die Form eines überdimensionierten
"Mon Chêris" hat. Jeder in meiner Familie weiß nämlich,
wie gerne ich diese Zeit meines Lebens gegessen habe,
auch heute noch! Endlich habe ich auch einen Steinmetz gefunden, der mir diesen "letzten Wunsch" erfüllen wird.
Als er mir den Preis genannt hat, habe ich allerdings mit
den Ohren geschlackert! Er meinte der Stein koste etwa das
Doppelte eines herkömmlichen Grabsteins. Der Stein soll
rosa sein und farblich an die Mon-Chêri-Papierchen erinnern.., So kam ich schließlich auf folgende Idee:
Da auf dem Stein außer meinem Namen auch in noch größerer
Schrift "Mon cheri" stehen wird, geht vom dem Stein auf
dem Friedhof ja ein gewisser Werbeeffekt für sie aus.
Daher wäre es nur angebracht, finde ich, wenn Sie sich
an den Kosten für den Stein zumindest beteiligen. Wenn
Sie z.B. 50 Prozenent trügen, käme ich auch finanziell
hin. Wenn Sie das Angebot interessiert, lassen Sie uns
bitte bald die Details klären.

Hochachtungsvoll   M. Jägers

DEUTSCHLAND

FERRERO MSC GMBH & CO. KG
D-60624 Frankfurt

Frau
Mathilde Jägers
Gehnbachstr. 219
66386 St. Ingbert

Frankfurt am Main, 03.07.2017

Ihre Anfrage

Sehr geehrte Frau Jägers,

vielen Dank für Ihr Interesse an unserem Unternehmen und Ihre Bitte um eine Unterstützung.

Sie können sich wahrscheinlich nicht vorstellen, welche Fülle ähnlicher Anfragen mit steigender Tendenz wir täglich erhalten. Es sind viele großartige Projekte und karitative Initiativen dabei. Es ist uns jedoch beim besten Willen nicht möglich, alle Bitten um Unterstützung zu erfüllen, da dies bei weitem unsere Möglichkeiten überschreiten würde.

Wir hoffen deshalb sehr auf Ihr Verständnis, dass wir Ihrer Bitte nicht nachkommen können.

Freundliche Grüße aus Frankfurt

FERRERO Deutschland

- Consumer Service -

Mathilde Jägers

Gehnbachstr. 219

66386 St. Ingbert

Verpoorten GmBH & Co. KG

Potsdamer Platz 1

53119 Bonn

St. Ingbert, den 26.6.2107

Sehr geehrte Damen und Herren!

Wir, das ist eine rüstige Wandergruppe aus dem Saarland.
Wir kennen uns alle schon seit Jahrzehnten und ebenso
lange trinken wir auf unseren Wandertouren Ihre Eierlikör, der uns immer weeider frischen "Schwung" gibt.
Nun wollen wir mit der Gruppe zu acht in diesem Sommer
nach Schweden aufbrechen zu einer Mehrtageswanderung –
wobei wir beim Transportproblem wären! Wir benötigen
zirka 4 bis 5 Liter Eierlikör auf der 8-tägigen Wanderung.
Es ist nur leider undenkbar, die mitzutragen, das würe
ein Gewicht von 4 bis 5 kg ausmachen. Ganz ohne Eierlikör glauben einige von uns, jedoch nicht aufbrechen zu
können. Das brachte uns auf die Idee, Sie folgendes zu
bitten: Der Likör wird bei Ihnen in der Fabrik doch sichger
aus einem Trockenpulver hergestellt (Trockenei kennt
man ja). Wenn Sie uns davon nun ein Säckchen zur Verfügung stellen könnten, könnten wir unseren Eierlikör
unterwegs mit Wasser selbst anrühren! Damit wäre unser
Gewichtsproblem gelöst! Als Dank würden wir uns alle
mit Ihrem Eierlikör fotografieren unterwegs und Sie
dürften das Foto als Werbung benutzen. Hochachtungsvoll

VERPOORTEN

VERPOORTEN

Der gelbe Klassiker

Verpoorten GmbH & Co.KG ▪ Postfach 23 69 ▪ D-53013 Bonn

Frau
Mathilde Jägers
Gehnbacherstr. 219

66386 St. Ingbert

Ihr Zeichen	Ihre Nachricht vom	Unser Zeichen	Tel.	Bonn
	26.06.2017	VA-SO-05-17	(0228) 96 55 - 0	03.07.2017

Anfrage zu VERPOORTEN ORIGINAL

Sehr geehrte Frau Jägers,

vielen Dank für Ihre Anfrage vom 26.06.2017. Leider stellt sich die Situation nicht ganz so einfach dar.

Zunächst einmal dürfen wir Ihnen mitteilen, dass wir für unseren VERPOORTEN ORIGINAL ausschließlich frisch aufgeschlagene Eier der Güteklasse A aus Bodenhaltung verwenden. Trockeneipulver kommt bei unserem hochwertigen Produkt nicht zum Einsatz.

Zudem müssten Sie bei Ihrem Vorhaben ja auch noch weitere Zutaten berücksichtigen. Neben dem hochwertigen Eigelb enthält VERPOORTEN ORIGINAL nach der geheimen Familienrezeptur von 1876 auch noch extra fein filtrierten Agraralkohol, feine Kristallraffinade und weitere geheime Zutaten zur Geschmacksabrundung. Auch diese Zutaten müssten von Ihnen mitgeführt werden. So gesehen ist die Gewichtseinsparung leider gar nicht so groß wie von Ihnen angenommen.

Wir bedauern, dass wir Ihnen an dieser Stelle nicht weiterhelfen können. Vielleicht ist es Ihnen ja aber möglich, an Ihrem Zielort oder den Zwischenstationen ein paar Flaschen unseres VERPOORTEN ORIGINALs zu hinterlegen.

Wir wünschen Ihnen auf jeden Fall viel Freude auf Ihrer Schweden-Tour.

Freundliche Grüße aus Bonn,

VERPOORTEN
- Qualitätsmanagement -

i.V.Dr.

VERPOORTEN GmbH & Co.KG	Bankkonten:	Telefon:	(0228) 96 55 - 0
Potsdamer Platz 1, 53119 Bonn	Commerzbank, Bonn	Telefax:	
Amtsgericht Bonn HRA 4084	IBAN: DE78 3804 0007 0119 0552 00	Geschäftsleitung	(0228) 96 55 - 314
P.h. Ges.: Verpoorten Verwaltungs-	BIC/SWIFT: COBADEFFXXX	Vertrieb Inland + Export	(0228) 96 55 - 315
gesellschaft mbH, Bonn		Einkauf	(0228) 96 55 - 303
Amtsgericht Bonn HRB 6606	Deutsche Bank, Bonn	Finanzverwaltung	(0228) 96 55 - 333
GF.: William Verpoorten, Bonn	IBAN: DE29 3807 0059 0025 7030 00	Werbung	(0228) 96 55 - 355
	BIC/SWIFT: DEUTDEDK380	Logistik	(0228) 96 55 - 370

Mathilde Jägers

Gehnbachstr. 219

66386 St. Ingbert

An

Dirk Rossmann GmbH

Isernhägenere Str. 16

30938 Burgwedel

St. Ingbert, den 25.6.2017

Sehr geehrte Damen und Herren!

Bislang habe ich von Ihrem Geschenkeinwickel-Tisch
in Ihrer Filiale immer sehr profitiert, gerade vor den
Feiertagen, aber auch sonst. Nun aber hat mich eine
Freundin von mir verunsichert. Sie behauptet, ich dürfe
nur das einwickeln, was ich gerade bei Ihnen im Geschäft
gekauft habe, aber nicht das von anderen Geschäften. Ich
bin dagegen der Meinung, dassich ja auch oft bei Ihnen ein-
kaufe, OHNE bei Ihnen einzuwickeln in Geschenkpapier,
sodaß ich praktisch ein paar Verpackungen frei haben
müsste. Bitte teilen Sie mir mit, wie die Regelung
genau ist, da ich nicht noch am Ende als "Geschenk-
papierdiebin" dastehen möchte.

Mit freundlichen Grüßen

M. Jägers

PS: Ich würde auch generell die anderen Geschenke bei
Ihnen kaufen, aber leider finde ich nicht alles in Ihrem
Geschäft.

Dirk Rossmann GmbH, Postfach 13 62, 30929 Burgwedel

Frau
Mathilde Jägers
Gehnbachstr. 219
66386 St. Ingbert

Unser Aktenzeichen / bitte stets angeben:
B-1-K-jägers-07-17

Name: ███████
Telefon: 0800-████
Telefax: ████
E-Mail: service@rossmann.de

Datum: 03.07.17

Ihr Schreiben vom 25.06.2017
Kostenloses Geschenkpapier am Packtisch

Sehr geehrte Frau Jägers,

vielen Dank für Ihr Schreiben. Das Geschenkpapier an dem Packtisch ist nur für unsere Kunden gedacht, die in unseren Verkaufsstellen ihre gekaufte Ware nett verpacken wollen, nicht für den Eigenbedarf außerhalb unserer Drogeriemärkte. Da dieser Service stark ausgenutzt wird, gehört es zu den Aufgaben des Personals, auf einen sachgemäßen Verbrauch zu achten.

Wir hoffen, dass wir Ihnen mit diesen Informationen weiterhelfen konnten und begrüßen Sie gerne auch zukünftig in unseren Verkaufsstellen.

Mit freundlichen Grüßen

Dirk Rossmann GmbH
- Kundenservice -

147

Mathilde Jägers

Gehnbachstr. 219

66386 St. Ingbert

An

DB Region Südwest

Am Hauptbahnhof 4

66111 Saarbrücken

St. Ingbert, den 17.3.2017

Sehr geehrte Deutsche Bahn!

Ich verreise noch immer viel mit der Eisenbahn, auch im

Fernverkehr, da ich Familie in Hessen vor allem habe.

Nun las ich auf einem, Prospekt im Zug, daß es ab sofort

oder auch schon seitei einer Weile für jeden Fahrgast

im Zug kostenlos W-Lan gibt, zumindest im ICE. Ich persönlich

nutze das Internet ja nicht, aber für meine Enkel wäre

es natürlich toll, wenn ich ihnen das W-Lan mitbringen

könnte, das ich selbst nicht nutze. Sie sind nämlich alle

(zwischen 12 und 23 Jahren) sehr häufig im Internt.

Können Sie mir daher bitte eine leicht verständliche

Anleitung schicken, wie ich das W-Lan das ich im

Zug nicht verbraucht habe, mit nach Hause n&hmen kann.

Mit freundlichen Grüßen

Regio Mitte

DB Regio AG • Postfach 10 08 63 • 68008 Mannheim

Frau
Mathilde Jägers
Gehnbachstr. 219
66386 St. Ingbert

DB Regio AG
Kundendialog
DB Regio Mitte
Postfach 10 08 63
68008 Mannheim
www.bahn.de

Telefon 0180 6 99 66 33*
Fax 0621 830 4188
kundendialog.mitte@
deutschebahn.com
Zeichen 1-74011197404

20. April 2017

Wireless Local Area Network WLAN

Guten Tag sehr geehrte Frau Jägers,

vielen Dank für Ihr Schreiben vom 17. März 2017.

Leider kann ich Ihnen Ihren Wunsch nicht erfüllen, denn WLAN steht für Wireless Local Area Network und ist also ein kabelloses lokales Netzwerk. WLAN wird überall dort eingesetzt, wo die Datenübertragung per Kabel nicht oder nur mit hohem Aufwand möglich ist. WLAN kann man nur in dem aktuellen Zug oder Bahnhof usw. verwenden.

Eine Datenübertragung kann man nicht einpacken.

Ich hoffe, ich konnte Ihnen WLAN erklären und wünsche Ihnen und Ihrer Familie alles Gute.

Mit freundlichen Grüßen
DB Regio Mitte

Wenn Sie weitere Fragen oder Anregungen zu Ihrem Nahverkehr in der Region haben, können Sie uns gern anrufen. Sie erreichen uns unter 0180 6 99 66 33* täglich rund um die Uhr. Nennen Sie bitte nach der telefonischen Begrüßung das Stichwort „Nahverkehr" oder drücken Sie die 31. Wir helfen Ihnen gern weiter!

*20 ct/Anruf aus dem Festnetz, Tarif bei Mobilfunk max. 60 ct/Anruf

DB Regio AG	Vorsitzender	Vorstand:
Sitz Frankfurt am Main	des Aufsichtsrates:	Dr. Jörg Sandvoß,
Registergericht	Berthold Huber	Vorsitzender
Frankfurt am Main		Oliver Terhaag
HRB 50 977		Michael Hahn
USt-IdNr.: DE199861724		Norbert Klimt
		Marion Rövekamp

Mathilde Jägers

Gneiststr. 2

10437 Berlin

Deutsche Fernsehlotterie gGmbH

Stiftung Deutsches Hilfswerk

Axel-Springer-Platz 3

20355 Hamburg

Berlin, den 07.07.2017

Sehr geehrte Damen und Herren,

mein Mann und ich sind eigentlich immer gerne und

viel verreist, wir haben viel gesehen vonder Welt.

Aber seit ein paar Jahren ist es nahezu unmöglich

geworden, ihn für eine Reise zu begeistern.

Am Besten gefällt es ihm zu Hause, selbst in den Harz

zieht es ihn nicht mehr, und da waren wir früher sehr

gerne und oft. Ich bin mir sicher, daß ihm eine

Luftveränderung überaus gut tun würde, aber leider

läßt er sich von mir zu nichts überzeugen. Nun schreibe

ich also Ihnen, sozusagen als letztem Strohhalm. Da

Sie ja bekanntlich auch regelmäßig Reisen verlosen,

wäre es nicht möglich, daß ich ein Los erwerbe und

Sie mir wenig später eine Bestätigung zukommen lassen,

daß ich eine Reise für zwei Personen (z.B. nach

Gran Canaria) gewonnen habe. In Wahrheit würde

ich natürlich für alle Kosten aufkommen.

Ich bin mir sicher, daß mein Mann einen Gutschein

nicht verfallen lassen würde! Da ich seit einger

Zeit für die Bankgeschäfte unseres Haushaltes

verantwortlich bin, wäre eine unauffällige
Abwicklung möglich. Herzlichen Dank im Voraus!

Mit freundlchen Grüßen

DEUTSCHE FERNSEHLOTTERIE gGmbH • Axel-Springer-Platz 3 • 20355 Hamburg

Frau
Mathilde Jägers
Gneiststr. 2
10437 Berlin

Hamburg, 18.07.17

Deutsche Fernsehlotterie

Sehr geehrte Frau Jägers,

vielen Dank für Ihr ausführliches Schreiben, welches wir sehr aufmerksam gelesen haben. Wir bedauern Ihnen mitzuteilen zu müssen, dass wir Ihnen bei der Umsetzung Ihrer Idee leider nicht behilflich sein können. Wir danken für das Verständnis. Selbstverständlich würden wir uns sehr freuen, wenn Sie ein Los unserer Soziallotterie spielen. Und wer weiß...inwiefern Ihnen das Glück dann hold ist!

Alle Gewinner erhalten ihren Gewinn automatisch und unaufgefordert. Kleinere Geldgewinne werden entweder auf das Konto überwiesen oder per Verrechnungsscheck an die Postanschrift verschickt. Höhere Geldgewinne und die Sachpreise geben wir den Gewinnern vorab mit einem Einschreiben bekannt. Kommt ein Einschreiben zurück, wenden wir uns an die Bank oder den Einzahler.

Das Lotteriesystem der Deutschen Fernsehlotterie wurde vom TÜV Saarland hinsichtlich des Datenschutzes, der ordnungsgemäßen Abläufe und der sicheren Gewinnzustellung erfolgreich zertifiziert. Die korrekten Gewinnermittlungsprozesse umfassen die korrekte Durchführung der Ziehung unter behördlicher/notarieller Aufsicht, die Ermittlung der Gewinnzahlen gemäß der genehmigten Ziehungsordnung sowie die EDV-technische , sequenzielle Abfolge von Prüfschritten bei der Ermittlung der gewonnenen Lose und der Person der Gewinner. Der Ziehungsprozess wird für die behördliche Ziehungsaufsicht dokumentiert und nachvollziehbar gemacht. Auch die Vollständigkeit aller gültig eingezahlten Lose für die jeweilige Ziehung wird sichergestellt. Weitere Informationen finden Sie ebenfalls auf der Videotexttafel 588 + 589 im 1. Programm oder auf unserer Internetseite: www.fernsehlotterie.de. Rund 30 % des Loseinsatzes kommen bedürftigen Menschen zu Gute, dafür unseren besonderen Dank an alle Mitspieler.

Mit freundlichen Grüßen

Ihre
Deutsche Fernsehlotterie, Gewinnabteilung

Anlage

Mathilde Jägers

Gneistrstraße 2

10437 Berlin

Gesellschaft zur Förderung der Volkshochschulen

in Berlin e.V.

c/o Michael Barthel

Hauptstraße 71

12159 Berlin

Sehr geehrte Damen und Herren,

ich schreibe Ihnenhier im eigenen Auftrag, da aus

meiner Frauengruppe keine der Damen bereit war,

diesen Brief zu unterzeichnen - obwohl sie, wie

ich bestätigen kann, in dieser Sache durchaus

einer Meinung sind mit mir. Es geht dabei um

Folgendes: Wir sind alle langjährig verheiratet und

haben neben unserer Berufstätigekit viel Zeit und Kraft

auf die Pflege und das Funktionieren unseres

Haushaltes verwendet. Dabei hat sich im Laufe

der Jahre, wenn nicht garJahrzehnte ein gewisser

Überdruß angestaut. Der Grund: Mein Mann ist

ebenso wenig wie die Männer meiner Freundinnen

in der Lage, die einfachsten Handgriffe im Haus-

halt auszuführen. Waschmaschine, Kochen, selsbst

Staubsagen: Bücher mit mehr als sieben Siegeln.

Aus meiner Sicht handelt es sich dabei um weit mehr als

ein privates Problem. Es geht um einen gesamtgesellschaftlichen

Notstand, der, zieht man das fortschreitende Alter

der Männer in Betracht, sehr schwierig ist, sollte

zum Beispiel die Frau vor ihm sterben.

Ich habe meine Enkel gebeten, im Internet
zu recherchieren, ob es nicht irgendwo ein
passendes Kursangebot gibt, das sich speziell
an Männer mit diesem Defizit richtet. Leider
sind sie nicht fündig geworden. Ich bitte
Sie daher aufrichtig, nicht länger die Augen vor
der Realität zu verschließen und ein solches Angebot in
die Kurspläne der VHS aufzunehmen!
Mehr noch: eine Verpflichtung der Politik, die
Teilnahme vorzuschriben sehe ich ebenfalls.
Ich danke herzlich im Voraus.
Mit freundlichen Grüßen

vhs Gesellschaft zur Förderung der Volkshochschulen in Berlin e. V.

Frau
Mathilde Jägers

Gneiststraße 2

10437 Berlin

Berlin, 17.7.2017

Ihr Schreiben von 10.7.2017

Sehr geehrte Frau Jägers,

auch wenn wir für Ihr Anliegen ein gewisses Verständnis haben, in einer freiheitlichen Gesellschaft ist es nicht die Aufgabe der Politik, in das private (eheliche) Zusammenleben der Menschen einzugreifen.
Es gibt aber tatsächlich eine Veranstaltung der Volkshochschule Steglitz-Zehlendorf, bei der es um Haushalt und Zeitmanagement geht. Und die Erfahrung zeigt: Da nehmen sogar Männer teil und das sogar freiwillig.
Bei entsprechendem Bedarf können sicher auch andere Volkshochschulen ähnliches anbieten.
Vielleicht hilft aber auch schon eine private Gesprächsrunde in entspannter Atmosphäre zwischen der Frauengruppe und ihren Partnern, die Probleme zu lösen.

Mit freundlichen Grüße

Vorsitzender: Michael Barthel, Bezirksbürgermeister a.D., Hauptstraße 71, 12159 Berlin
mail@michael-barthel.de
www.vhs-foerdergesellschaft-berlin.de

Mathilde Jägers

Gneiststr. 2

10437 Berlin

Bauknecht Hausgeräte GmbH

Industriestr. 48

70565 Stuttgart

Berlin, den 07.07.2017

Sehr geehrte Damen und Herren,

ich wende mich an Sie mit einem sehr persönlichen

Prtoblem,von dem ich allerdings hier berichte, da

Ihre Spülmaschine mit daran Schuld ist, daß es

soweit komen konnte. Wir haben das Gerät jetzt seit

mehr als 17 Jahren. Und vonAnfang an gab es zwischen meinem

Mann und mir Uneinigkeit darüber, wie die Maschine

eingeräumt werden sollte. Zwischenzeitlich hatten wir

vereinbartm, daß wir nur noch abwechselnd einräumen

und der andere nicht kontrollieren bzw. um-

räumen darf. Es geht dabei um viele Kleinigkeiten,

wie zum Beispiel "Messerspitze nach oben oder nach

unten" etc. Der Streit wurde in den letzten Jahren

immer heftiger und vor einigen Wochen ist

er soweit eskaliert, weil ich meinen Mann weieder

umgeräumt habe, daß wir seither nicht mehr mitein-

ander sprechen. Dieser Zustand ist absolut unhaltbar!

Meine Idee ist daher folgende: Ich möchte Sie

bitten, einen Techniker aus Ihrem Hause wie zufällig

bei uns in die Wohnung zu schicken, der dann das

Gespräch auch auf die korrekte Befüllung
bringt und einen Kompromiß zwishcne meinem Man
und mir erwirkt, da ich überzewugt bin, daß weder
mein Mann noch ich Rechthaben mit unserer Methode.
Da Ihr Gerät also nicht ganz unschuldig ist an
der ganzen Situation bitte ich Sie, an der
Lösung dieser Lage mitzuwirken. Vielen Dank im Voraus.
Mit freundlichen Grüßen

Bauknecht Hausgeräte GmbH
Hausanschrift:
Industriestraße 48
70565 Stuttgart

Frau
Mathilde Jägers
Gneiststr. 2

10437 Berlin

Sigrid Lamp
Telefon +49 (0) 711 81071 - 3257
Fax +49 (0) 711 810718 - 5444
kundenbetreuung@bauknecht.eu
www.bauknecht.de

Stuttgart, 11. Juli 2017

Referenz: 4950045600

Betreff: Ihr Bauknecht Geschirrspüler

Sehr geehrte Frau Jägers,

es tut uns sehr leid, dass der Geschirrspüler aus unserem Hause für Ärger in Ihrer Beziehung sorgt.

Wir legen Ihnen die Broschüre von der Fa. HENKEL „richtig spülen" bei. Wir gehen davon aus, dass Sie beim gemeinsamen studieren des Heftes Ihr Problem geklärt bekommen und wieder friedvoll miteinander umgehen können.

Wir wünschen Ihnen viel Erfolg.

Mit freundlichen Grüßen
Bauknecht Hausgeräte GmbH

i. A. Sigrid Lamp

Bauknecht Hausgeräte GmbH Vorsitzender des Aufsichtsrates: Dr. Gerald Bormann · Geschäftsführung: Jens-Christoph Bidlingmaier (Vors.), Stefan de Jonghe · Sitz der Gesellschaft Stuttgart · Registergericht Stuttgart HRB 281732
Deutsche Bank Stuttgart IBAN: DE06 600 700 700 111 986 600 BIC-Code: DEUTDESSXXX

Mathilde Jägers

Gneiststraße 2

10437 Berlin

Rat für Deutsche Rechtschreibung

Postfach 101621 Mannheim

Berlin, 4. Juli 2017

Sehr geehrte Damen und Herren,

wie ich die Tage in den Nachrichten hörte,

haben Sie uns einen neuen Buchstaben geschenkt,

das große ß. Wie sie sehen können, verwende ich

zur Erledigung meiner Korrespondenz eine

Schreibmaschine, die mir seit vielen Jahren

gute Dienste erweist. Ich hatte nicht die Absicht, mich

von diesem altgedientenund bewährten Gerät zu

trennen, zumal ich die Umstellung auf einen Computer

ohnehin nicht für sinnvoll und praktikabel erachte.

Nun frage ich mich aber, wie ich künftig

verfahren soll, wenn mir dieser Buchstabe fehlt.

Ich bin sicher, dass es für die Computer schnell

eine Lösung geben wird, aber ich befürchte auch,

adss ich nun ein weiteres Mal ins Hintertreffen

gerate und auf die mir so wichtigen Briefe an

meine Lieben Verzichten muß.Ich bitteSie

dringend, eine Lösung für dieses Problem zu benenne.

Mit freundlichen Grüßen

M. Jägers

Rat für deutsche
Rechtschreibung

Frau
Mathilde Jägers
Gneiststraße 2
10437 Berlin

Geschäftsstelle am Institut für Deutsche Sprache (IDS)
R5, 6 - 13 | D - 68161 Mannheim
Postanschrift: Postfach 10 16 21 D - 68016 Mannheim

Datum: | Unser Zeichen
17.7.2017

Ihr Schreiben vom 4.7.2017

Sehr geehrte Frau Jägers,

auch weiterhin sollen und – können – Sie auf Ihrer Schreibmaschine gemäß der geltenden Norm Briefe an Ihre Lieben schreiben: Bei Schreibung in Großbuchstaben ist der Großbuchstabe „ẞ" fakultativ zur weiterhin bestehenden Möglichkeit des Ersatzes durch "SS" zugelassen worden, d.h., Sie können beispielsweise „Straße" bei Schreibung in Großbuchstaben als "STRASSE" oder "STRAẞE" schreiben.

Diese Änderung des amtliches Regelwerkes ist als Vorschlag aus der Beobachtung des Schreibgebrauchs erwachsen: Aufgabe des Rats für deutsche Rechtschreibung ist es, den Schreibgebrauch zu beobachten und bei regelhaften Veränderungen diese in das amtliche Regelwerk einzuarbeiten.

Im Schreibgebrauch hat sich gezeigt, dass sich der Großbuchstabe seit seiner Kodierung in den internationalen Zeichen- und Schriftsystemen in den Jahren 2007/08 (sic!) über sein ursprüngliches Verwendungsgebiet der Werbung hinaus verbreitet hat und so Anwendung u.a. in Publikationen verschiedenster Bereiche (und dort auf Titeln, Überschriften, Kopfzeilen u.Ä.) und im Fernsehen (bei Einblendungen usw.) findet.

Zudem besteht mit seiner amtlichen Zulassung die Möglichkeit, ihn in Namensfeldern von Ausweisdokumenten zu verwenden und ihn damit anstelle des bisher in diesen Fällen behelfsweise gesetzten Kleinbuchstabens zu verwenden (also z.B. "ARNO GROẞMANN" statt "ARNO GROßMANN").

Beides zusammengenommen hat den Rat zu dem Vorschlag bewogen, die Verwendung des Großbuchstabens fakultativ zum Ersatz durch „SS" offiziell zuzulassen. „fakultativ", um eben keinen Bruch zur bisherigen Regelung entstehen zu lassen. Alles Weitere wird die Zukunft zeigen.

Mit freundlichen Grüßen

Mathilde Jägers

Gehnbachstr. 219

66386 St. Ingbert

Allianz Deutschland AG

Königinstr. 28

80802 München

St. Ingbert, den 25.6.2017

Sehr geehrte Damen und Herren!

Allzuoft ist es mir in der Vergangenheit passiert, daß angekündigte Besucher zum Kaffeetrinken, die auf jeden Fall kommen wollten, am Ende doch nicht gekommen sind. Daher möchte ich gerne, wenn möglich, eine entsprechende Besucherrücktrittsversicherung bei Ihnen abschließen. Denn man hat ja doch immer einen nicht ganz unerheblichen Schaden in diesen Fällen. Gerade wenn es um Torten geht, kann man ja auch nicht einfrieren. Ich habe auch schon versucht, die Kosten auf meine nicht erschienenen Besucher abzuwälzen, aber das wurde abgelehnt.

Daher bräuchte ich also eine Versicherung, der im Notfall einen Schaden von bis zu 40 Euro versichert. Eine Torte kostet zwar nicht ganz so viel, aber es kommen ja oft noch Kleingebäcke und Getränke hinzu.

Bitte senden Sie mir also ein entsprechendes Angebot bzw. einen Versicherungsvertrag zur Unterschrift.

Hochachtungsvoll

Allianz Versicherungs-Aktiengesellschaft

www.allianz.de
Sachversicherung@allianz.de

Commerzbank AG Frankf./M.
BIC DRESDEFFXXX
IBAN DE97500800000091119700

Allianz Versicherungs-AG, 10900 Berlin

Frau
Mathilde Jägers
Gehnbachstr.219
66386 St.Ingbert

SchadenDirektruf 0 08 00.11 22 33 44

Ihr Zeichen, Ihre Nachricht	Service Mo.-Fr. 8-20 Uhr	Ihr Ansprechpartner, Datum
25.06.2017	Tel.	Herr
	Fax	05.07.2017

*Aus dem Ausland Fax 0049/89/207002911

Sehr geehrte Frau Jägers,

vielen Dank für Ihre Anfrage wegen einer Torten- oder Kaffeetrinker-ausfallversicherung.
Sicherlich ist es ärgerlich, wenn angemeldete Besucher nicht erscheinen, und man auf den vorbereiteten Köstlichkeiten sitzenbleibt.
Insbesondere wenn man sich wirklich viel Mühe gemacht hat, und die schönen selbstgebackenen Torten, vielleicht aus Buttercreme, gar schnell verderblich sind.

Bitte verstehen Sie daher, dass eine Kalkulation hinsichtlich einer Besucherrücktrittsversicherung äußerst schwierig ist, zumal uns eine solche Anfrage bisher auch noch nicht erreicht hat. Grundsätzlich ist es auch schwierig kalkulatorische Grundlagen für eine solche Versicherung zu erstellen, können die Gründe für das Nichterscheinen doch vielfältig sein.

Mal schützt ein möglicher Besucher einen wichtigen Termin vor, mal eine kurzfristige Erkrankung wie etwa Bauchgrummeln oder Hitzewallungen. Oder aber er hat aus diätetischen Gründen gar keine Lust auf Kaffekränzchen... würde gar die Figur ruinieren.
Schade um den schönen Kuchen!

Wir empfehlen daher, ggf. keine verderbliche Torten zu backen bzw. auf Rührkuchen umzusteigen, den man dann einfrieren kann. Der Schaden hält sich dann im Rahmen .
Oder aber wir verweisen auf die örtliche Tafel. Dort freut man sich sicherlich über die delikaten Nahrungsmittel. Dabei würden Sie auch noch ein gutes Werk tun - bedenken Sie das.
Ggf.lässt sich die Spende auch noch steuerlich absetzen. Wenn Sie dann noch ihre Arbeitszeit mit Stundensätzen eines Konditors ansetzen, ergeben sich evtl. ungeahnte Möglichkeiten.

Als letzten Tipp empfehlen wir, den Kuchen ggf. als Gratisgeschenk bei einer Ihrer Lesungen oder Buchvorstellungen der geneigten Leserschaft anzubieten, quasi als Kaufanreiz vor der persönlichen Widmung.

Jedenfalls braucht es dazu keine Versicherung und man sollte solche Absagen der Gäste mit Humor hinnehmen.

Seite 2 zu GSV 90/0340/9900630/001

Ein letzter Tipp: machen Sie es doch bei Ihren eingeladenen Gästen umgekehrt genauso.... Lassen Sie sich einladen, gehen Sie nicht hin, fragen Sie anschließend nach dem entstandenen Schaden. Für diesen Fall wären Sie dann bereits 2 mögliche Kunden im Sinne einer Versicherten-gemein-schaft, was ja zunächst eine Kalkulationsgrundlage bilden könnte.
Dann könnte sich ein denkbarer Beitrag für diese Versicherung schonmal halbieren.
So lange Sie unser einziger Kunde sind, können wir nämlich den Beitrag nur nach Ihrem Schaden berechnen. Wie oft erhalten Sie solche Absagen? Schmeckt den Gästen die Torte nicht? Da leppert sich schon was zusammen. Rechnen wir dann noch unsere Kosten oben drauf, könnte es doch ein bischen teuer werden. Wir denken, dass Sie den Schaden sicher aus Ihren Bucherlösen einfacher begleichen können.

Sollten dann noch weitere Anfragen an uns herangetragen werden, müssten wir unsere Aktuare bemühen, ein entsprechendes Versicherungskonzept durchzurechnen.

Bis dieses sicherlich zukunftsweisende Konzept steht, verbleiben wir höflichst -

Mit freundlichen Grüßen

Ihre Allianz

Vorsitzender des Aufsichtsrats: Dr. Manfred Knof.
Vorstand: Joachim Müller, Vorsitzender;
Dr. Jörg Hipp, Burkhard Keese, Jens Lison, Mathias Scheuber, Frank Sommerfeld, Dr. Rolf Wiswesser.
Sitz der Gesellschaft: München; Registergericht: München HRB 75727.
Für Umsatzsteuerzwecke: USt-IdNr.: DE 811 150 709; für Versicherungsteuerzwecke: VersSt-Nr.: 9116/802/00477
Finanz- und Versicherungsleistungen i.S.d. UStG / MwStSystRL sind von der Umsatzsteuer befreit.

Mathilde Jägers
Gehnbachstr. 219
66386 St. Ingbert

Tupperware Deutschland GmbH

Praunheimer Landstr. 70

60488 Frankfurt a.M.

St. Ingbert/ Saar, den 6.5.2017

Sehr geehrte Damen und Herren!

Es ist leider wiederholt zu dem Problem gekommen,
daß meine Tupperware-Schüsseln- und -Dosen "weg-
kommen". Eine mir sehr wichtige Nudelschüssel mit
integriertem Nudelwasser-Auffang ist z.B. seit
ca. 4 Jahren spurlos verschgwunden und wahrscheinlich endgültig verloren. Dabei habe ich wirklich
schon überall rundgefragt bzw. rundfragen lassen!
Meiner Meinung nach gibt es, und nach der Meinung
meines Mannes auch, nur eine bzw. 2 Lösungen, da
das Problem öfters auftritt bei Ihren Produkten:
1. EINFACHE LÖSUNG: In die Schüsseln wird künftig
auf Kundenwunsch der Vor- und Zuname des Besitzers
eingebrannt, ggf. mit Tel.nummer/ Adresse, evtl.
auch Geb.datum zwecks eindeutiger Zuordung, z.B.
gibt es in meinem Freundeskreis alleine zwei Ma-
rianne Beckers.
2. PROFESSIONELLE LÖSUNG: Hierbei handelt es sich
eher um eine Maßnahme meines Mannes, die ich aber
auchg unterstütze. In den Schüsselboden wird ein
sogenannter GPS-Empfänger eingelassen. Damit ist
es künftig möglich, seine Tupperware mittels computer orten zu lassen. Man müsste also immer genau,
wo sie sich befindet.   *M-Jägers* Hochachtungsvoll

Frau
Mathilde Jägers
Gehnbachstraße 219
66386 St. Ingbert

Ihre Nachricht vom	Unser Zeichen	Unsere Nachricht vom	Datum
06.05.2017	CR		11. Mai 2017

Ihre Vorgangsnummer: 10114079 (Bitte bei Rückfragen angeben!)

Sehr geehrte Frau Jägers,

vielen Dank für Ihr Schreiben vom 6. Mai 2017. Wir möchten gerne mit Ihnen über Ihr Anliegen sprechen und bitten Sie daher, uns Ihre Telefonnummer mitzuteilen.

Gerne können Sie sich auch telefonisch an uns wenden:

069 – 76 802 0

Montag bis Donnerstag von 8:30 Uhr bis 17:30 Uhr und Freitag von 8:30 Uhr bis 16 Uhr

Herzlichen Dank.

Mit freundlichen Grüßen

Ihr Customer Relations Team

Tupperware Deutschland GmbH / Postfach 93 01 20 / 60456 Frankfurt am Main / Praunheimer Landstraße 70 / 60488 Frankfurt am Main
Telefon 069 768020 / Telefax 069 76802-299 / E-Mail kontakt@tupperware.de / www.tupperware.de
Registergericht / Amtsgericht Frankfurt am Main / HRB 31654 / USt-IdNr.: DE 114200495 / Geschäftsführer: Christian Dorner, Karen Marie Sheehan
Bankverbindung / HSBC Trinkaus & Burkhardt AG / SWIFT-BIC TUBDDEDD / IBAN DE62 3003 0880 0013 6050 09

Mathilde Jägers

Gehnbachstr. 219

66386 St. Ingbert

An Herrn

Martin Schulz

Sozialdemokratische Partei Deutschlands (SPD)

Wilhelmstr. 141

10963 Berlin

St. Ingbert, den 25.6.2017

Sehr geehrter Herr Schulz!

In der Zeitung habe ich ein Foto gesehen, auf dem man
sehen konnte, wie gut sie sich mit dem Häkelkreis in
Teltow (Brandenburg) verstanden haben, als Sie diesen
neulich beushcten. Das hat mich auf eine Idee gebracht:
Wir, ein Häkelkreis von Frauen in der Gehnbachstr.
(liegt in der Nähe der ehemaligen Grube St. Ingbert),
bieten Ihnen an, passgenau zum Wahlkampf einen Werbe-
Schal zu häkeln, den Sie dann im Wahlkampf verwenden
können. Der Schal dürfte ruhig etwas größer sein, so daß
er gut lesbar ist. Den genauen Wortlaut könnte man natürlich gemeinsam festlegen, aber einen Vorschlag hätten
wir auch schon: "Häkeln statt mäkeln. SPD". Man
könnte bereits die Abholung des Schals durch Sie werbe-
wirksam in Szene setzen, mit Fernsehen, Rundfunk und von
uns auch Internet.
Bitte geben Sie uns bald Rückmeldung, denn wir brauchen
für die Handarbeit auch eine Weile. Er soll ja auf
alle Fälle vor September fertig werden.

Mit fdreundlichen Grüßen

SPD-Parteivorstand | Wilhelmstr. 141 | 10963 Berlin
Frau
Mathilde Jägers
Gehnbachstr. 219
66386 St. Ingbert

Büro Parteivorsitzender

Fon: 030 25991-
@spd.de

Berlin, 3. Juli 2017

Sehr geehrte Frau Jägers,

im Namen von Martin Schulz möchte ich mich ganz herzlich für die Ihren Brief bedanken. Herrn Schulz erreichen sehr viele Terminanfragen, weswegen wir der Bitte nach einem Treffen leider nicht nachkommen können und ich Ihnen hiermit absagen muss. Sollten Sie jedoch weiterhin gewillt sein einen Schal für Herrn Schulz zu häkeln, so können Sie ihn gerne zu uns in das Willy-Brandt-Haus schicken, worüber sich Herr Schulz sicher sehr freuen würde.
Ich wünsche Ihnen alles Gute und verbleibe

mit freundlichen Grüßen,

Mathilde Jägers

Gehnbachstr. 219

66386 St. Ingbert

Lagnese

Unilever Deutschland GmbH

Am Strandkai 1

20457 Hamburg

St. Ingbert, den 25.6.2017

Sehr geehrte Damen und Herren!

Wie Sie sicherlich selber auch wissen, eignen sich Ihre
Dosen der Eissorte "Cremissimo" hervorragend als Tupperware-
Ersatz zum Einfrieren etc. Da ich bis zuletzt immer Ihr Eis
regelmäßig gegessen habe, hatte ich immer genügend Dosen
vorrätig. Nun hat mir mein Hausarzt empfohlen, meinen Eis-
Verzehr deutlich einzuschränken, so daß ich fürchte, meinen
Bedarf an Dosen nicht mehr decken zu können. Ich habe bereits
versucht, die Packungen zu kaufen und das Eis nicht zu Essen,
aber das gelingt mir nicht. Daher wollte ich Sie bitten, ob
Sie mir aus gesundheitlichen Gründen zur Deckung meines
Jahresbedarfs zunächst 50 leere Dosen verkaufen können.

Mit freundlichen Grüßen

M. Jägers

PS: Falls es geht, wären drei meiner Nachbarinnen auch interessiert, aber keine Sorge, ich habe denen noch nichts fest
versprochgen.

Mathilde Jägers
Gehnbachstrasse 219
66386 St. Ingbert

Unilever Deutschland GmbH
Konsumentenservice
Postfach 57 05 50
Am Strandkai 1
20457 Hamburg

www.unilever.de

Gebührenfreie Servicenummern:
Home & Personal Care: 0800 0846 585
Foods: 0800 1013 916

17.07.2017

Referenz-Nr: 19403012

UNILEVER: Ihr Anliegen

Sehr geehrte Frau Jägers,

vielen Dank, dass Sie auf uns zugekommen sind. So erfahren wir, wie unsere Verpackungen zu Hause als Alternative angewendet werden können.

Leider bieten wir diese Verpackung ausschließlich im Handel an.

Wir bitten um Ihr Verständnis, dass uns darüber hinaus kein Versand möglich ist. Für weitere Fragen und Anregungen stehen wir Ihnen gerne zur Verfügung.

Mit freundlichen Grüßen

Ihr Konsumentenservice

Geschäftsführer: Ulrich Gritzuhn,
Peter Dekkers, Alessandra Henrichs,
Reinhard Kastl, Merlin Koene, Harald Melwisch,
Klaus Ridderbusch, Rahul Vas-Bhat
Vorsitzender des Aufsichtsrats: Bernard Elmann
Unilever Deutschland GmbH, Sitz und
Registergericht Hamburg, Reg.-Nr. HRB 13 829

Mathilde Jägers

Gehnbachstr. 219

66386 St. Ingbert

Café Kranzler

THE BARN GmbH

Schönhauser Allee 8

10119 Berlin

St. Ingbert/Saar, den 12.6.2017

Sehr geehrte Damen und Herren!

Mit großer Freude haben meine Schwester und ich ver-

nommen, daß Sie das traditionsreiche Café Kranzler

wiedereröffnet haben! Als wir das hörten sagten wir uns:

Au ja, da MÜSSEN wir dann mal bei nächster Gelegenheit

hin. Nun ergibt sich diese Gelegenheit, da unsere Cousine

in Berlin ihren 85. Geburtstag feiern und wir anreisen

werden. Ein Besuch in Ihrem Café war fest eingeplant!

Aber dann mussten wir vom Enkel meiner Schwester er-

fahren, daß er uns vom Besuch dort abrät. Er sagte näm-

lich, daß es uns dort nicht mehr gefallen würde, und

wir mömöglich gar keinen Tisch bekämen. Wir sind also sehr

verunsichert. Er meinte, das Café sei nur noch für "Hipster"

zugelassen, also junge Menschen mit einem besonders mo-

dernen Kleidungsstil. Ich denke, wir beide fallen da ziem-

lich sicher nicht darunter! Also möchte ich gerne, um mir

vor Ort Enttäuschungen zu ersparen, vorab erfragen, wie

Sie die Sache einschätzen, ob Sie in Ihrem Café einen an-

genehmen Aufenthalt für zwei Frauen 80+ zu gewährleisten. Unsere Ansprüche sind dabei nicht hoch, ein

schönes Stück Torte und ein Kännchen Kaffee reichen

uns vollkommen aus. Aber wir möchten auch nicht schräg
angeguckt werden
                bzw. nicht bedient werden, nur weil wir

nicht ins Umfeld passen.

Ich bitte übrigens, den seltsamen Zeilenrutsch zu entschuldigen, dieser hatte sich ergeben, da ein
Farbbandwechsel notwendig geworden war.

        Mit freundlichen Grüßen

THE BARN GmbH   Schönhauser Allee 8   10119 Berlin   Germany

Frau Mathilde Jägers
Gehnbachstr. 219

66386 St. Ingbert

Berlin, den 21.06.2017

Betr: Ihr Schreiben vom 12.06.2017

Sehr geehrte Frau Jägers,

herzlichen Dank für Ihr Schreiben.

Es würde uns sehr freuen, Sie und Ihre Cousine bei uns empfangen zu dürfen, allerdings hat The Barn das Café Kranzler mit der Neueröffnung, insbesondere was das Mobiliar betrifft, doch stark modernisiert.

Holzhocker haben die herkömmlichen Sessel ersetzt, die vielleicht eher für eine gemütliche Geburtstagsrunde eingeladen hätten. Da wir keine große Küche zur Verfügung haben, ist unser Sortiment von Kuchen und belegten Broten dementsprechend etwas eingeschränkt.

Ihre Bedenken jedoch, dass Sie schräg angeschaut werden würden, sind auf jeden Fall unzutreffend. Jeder ist bei uns willkommen, ob ‚hip' oder nicht. Alterseinschränkungen und Diskriminierungen irgendeiner Art haben wir nicht!

Was wir Ihnen auch durchaus garantieren können, wäre den besten Kaffee Berlins und herzliche Willkommensgrüße von unserem äußerst kundenfreundlichen Personal. Ein Aufzug ist vorhanden und wir würden uns sehr freuen, Sie begrüßen zu dürfen im wiederbelebten Café Kranzler. Kommen Sie doch vorbei und erkunden Sie die Renovierungen. An der tollen Aussicht hat sich nichts verändert!

Herzliche Grüße aus Berlin und alles Gute für Sie, Frau Jägers und Ihre Familie.

Ihr,

Geschäftsführer

THE BARN GmbH   10119 Berlin   IBAN: DE12 1007 0124 0096 6689 00   www.thebarn.de
Schönhauser Allee 8   Germany   BIC: DEUTDEDB101   USt ID DE304876733

Unbeantwortete Briefe

Mathilde Jägers

Gehnbachstr. 219

66386 St. Ingbert

Deutscheer Fußball-Bund e.V

Otto-Fleck-Schniese 6

60528 Frankfurt/ Main

St. Ingbert/ saar, den 25.6.2017

Sehr geehrte Damen und Herren!

Der Grund meines Schreibens sind die Spielzeiten des

Fußballs. Mein Mann hat schon immer viel Fußball im Fern-

sehen gesehen. Aber früher beschränkte es sich auf gewisse

Zeiten und man konnte sich danach richten. Heute geht das lei-

der gar nicht mehr. Es läuft praktisch jeden Tage irgendein

Spiel: Freitags bis Sonntag Bundesliga, montags 2. Liga,

dann kommt die "Champions Leage" und freitags schon wieder

Bundesliga. Zur Durchführung eines geregelten Ehelebens

wäre es notwendig, wenn auch mal Ruhezeiten wären. Daher

bitte ich Sie eindringlich, die Fußballspiele wieder, so-

weit es geht, am Samstag zu bündeln.

Damit wäre mir sehr geholfen!

Mit freundlichen Grüßen

M. Jägers

Mathilde Jägers

Gehnbachstr. 219

66386 St. Ingbert

Vorwerk Deutschland Stiftung & Co. KG

Geschäftsbereich Thermomix

Mühelnweg 17 - 37

42270 Wuppertal

St. Ingbert/Saar, den 27.05.2017

Sehr geehrte Damen und Herren!

Meine Tochter erwägt seit einigen Wochen, wenn nicht
gar Monaten, die Anschaffung einer Thermomix Küchenmaschine aus Ihrem Hause. Ich möchte Ihnen nicht zu
nahe treten, aber ich bin aus verschiedenen Gründen
absolut dagegen. Erstens bin ich doch sehr fürs Selber-
kochen und zweitens sehe ich in Gefahr, daß ich weiterhin als "Gastköchin" an jedem Mittwoch wie bisher bei
ihr und den Enkeln eingeladen bin, um für sie zu
kochen. Sie hat dahingehende Bemerkungen bereits fallen
lassen. Darum möchte ich die Anschaffung des Gereäts
aus persönlichen Gründen also verhindern.
Darum folgende Bitte/ Vorschlag: Wenn meine Tochter
so ein Ding bei Ihnen bestellt (sie wohnt in der Elster-
steinstr. in St. Ingbert), könnten Sie Ihr dann bitte
folgendes mitteilen (zur Auswahl)
a. Es gibt derzeit sher lange Lieferzeiten von 2, bis 3
Jahren wegen der hohen Nachfrage
b. Ihr zwar ein Gerät liefern, das aber schon mal wegen
eines kleinen Defekts umgetauscht wurde, so daß sie es
wieder umtauscht.

Mir ist bewußt, daß Ihnen dadurch ein Verkauf entgeht,
daher wäre ich bereit, den entstandenen Verlust für
Sie finanziell auszugleichen.

Mit freundlichen Grüßen

Mathilde Jägers

Gehnbachstr. 219

66386 St. Ingbert

An die

Charité

Labor für funktionelle Genomforschung

Charitéplatz 1

10117 Berlin

St. Ingbert, den 20.3.2017

Sehr geehrte Damen und Herren!

Ein Verdacht hat sich in mir eingeschlichen und diesen
möchte ich so schnell es geht wieder aus der Welt schaffen.
Es geht dabei um meinen Mann, geb. 1938. Er ist relativ
groß, hat rötliche Haare und von alleine wäre ich nicht drauf
gekommen, aber als ich im Fernsehen gehört habe, daß
Donald Trump aus Kallstadt in der Pfalz kommt bzw. Vor-
fahren von dort hat, fiel es mir quasi wie Schuppen von
den Augen: Auch mein Mann hat gleich mehrere Verwandte
väterlicherseits, die in Kallstadt aufgewachsen sind sind.
Ein Großcousin lebt sogar noch dort! Ich denke, dass ein
DNA-Test meine Zweifel entweder bestätigen oder beseitigen
könnte. Darum bitte ich um Ihre Mithilfe: Wie könnte man
das bewerkstelligen, es austesten zu lassen, ob mein Mann
mit diesem Trump verwandt ist oder nicht. Eine Haar-
probe von meinem Mann wäre kein Problem, aber wie würde man
es mit Trump machen? Gibt es da zugängliche Proben für Sie?
Rein charakterlich sind mir in letzter Zeit auch ein paar
Parlellen aufgefallen, so daß ich schlimmstes Befürchte.
Ich brauche einfach jetzt Gewißheit!

Mit freundlichen Grüßen

Mathilde Jägers

Gehnbachstr. 219

66386 St. Ingbert

Profamilia Bundesverband

Stresemannallee 3

60596 Frankfurt am Main

St. Ingbert/Saar, den 18.3.2017

Betr: Paarberatung

Sehr geehrte Damen und Herren,

ich wende mich an Sie mit einem partnerschaftlichen
Problema , von dem mein Mann bislang nichts weiß, mit
dem ich ansonsten eigentlich glücklich soweit verheiratet bin. Allerdings plagt mich das schlechte Gewissen
zu sehr, als daß ich ihm weiter nichts davon erzählen
könnte. Gerade im Alter, denke ich, sollte man mit
Lebenslügen aufräumen, sonst nimmt man sie noch mit
ins Grab und kann sich nicht mehr dafür rechtfertigen.
Die Sache ist die, daß ich meinen Mann seit mehr als 30
Jahren regelmäßig betrogen habe beim Kniffeln. Obwohl ich weiß, daß das nicht richtig war, konnte ich
nicht davon ablassen. Der Betrug war relativ einfach,
da er nie darauf geachtet hat, wo ich die Zahlen ein-
trage für Dreierpasch etc. Nun möchte ich aber reinen
Tisch machen und frage mich, wie am besten. Ich
möchte meinen Mann nämlich ungern verlieren und
auch nicht allzu sehr verletzen. Wäre es am besten einen
Paarberater/Therapeuten hinzuzuziehen? Könnten Sie
mir einen solchen vermitteln?   Mit freundl. Grüßen M. Jägers

Mathilde Jägers

Gneiststr. 2

10437 Berlin

Jacobs Douwe Egberts DE GmbH

Langemarckstraße 4-20

28199 Bremen

Berlin, den 08. Juli 2017

Sehr geehrte Damen und Herren,

meine beiden Freundinnen und auch ich sind große
Liebhaberinnen Ihres Kaffees, der sich als viel
bekömmlicher erwiesen hat als die meisten anderen
Filterkaffeesorten. Nun sprechen die beiden aber
in letzter Zeit häufig von einem Kaffee Krämer,
den sie inzwischen lieber trinken als den gewohnten.
Ich habe mich bereits bei Rewe und Edeka nach demn
Produkt erkundigt, aber man wusste mir nicht zu
helfen und riet mir, es einmal direkt bei Ihnen zu
probieren, was ich hiermit nun tue. Wäre es
möglich, daß Sie mir direkt einoder zwei Pfund dieses
neuen Kaffees zukommen lassen oder mir doch einen Hinweis
geben, wo ich diesen Kaffee erwerben kann? Aldi und
Lidl sind für mich ebenfalls gut erreichbar.

Vielen Dank für Ihre Mühe!

Mit freundlichen Grüßen

Mathilde Jägers

Gehnbachstr. 219

66386 St. Ingbert

An die

Botschaft der Republik Ecuador

Joachimsthaler Str. 10-12

10719 Berlin

St. Igbert/ Saar, den 18.3.2017

Sehr geehrter Herr Botschafter,

sehr geehrte Damen und Herren!

Hiermit wende ich mich an Sie mit einer Anfrage, die vertraulich zu behandeln ich Sie gerne bitten möchte. Aus
Zeitungsberichten weiß ich, daß Ihre Kollegen in London
Herrn Assanges ein Zimmer angeboten haben, nachdem er wegen
Verats von Staatsgeheimnissen sonst Ärger gekriegt hätte.
Das finde ich sehr löblich!
Nun verhält es sich so, daß ich selbst ähnliches plane
wie Herr Assanges. Ich habe in den Jahren 1963-1992 u.a.
im Sekretariat verschiedener saarländischer Ämter und
zuvor auch kurzzeitig in der Privatwirtschaft gearbeitet
und habe in dieser Zeit von einigen Skandalen Wind bekommen,
von denen der kleine Bürger nicht die geringste Ahnung hat.
Nun möchte ich im Alter mit diesem Wissen nicht ins Grab gehen,
sondern an die Öffnetlichkeit. Natürlichxwidr wird dies im
kleinen Saarland für einen kräftigen Wirbel sorgen. Ich
vermute, daß es mir nicht mehr möglich sein wird, mein Leben
in meiner Kleinstadt fortzusetzen, ich als "Nestbeschmutzerin"
gelten werde. Daher möchte ich schon jetzt bei Ihnen anfrage,
ob ggf. eine Unterbringung in Ihrem Haus möglich wäre. MfGrüßen

Mathilde Jägers

Gehnbachstr. 219

66386 St. Ingbert

An die

Deutsche Rentenversicherung Knappschaft - Bahn - See

44781 Bochum

St. Ingbert, den 18.3.2017

Sehr geehrte Damen und Herren!

Meinem Mann, Jahrgang 1938, geht es so weit noch ganz gut,
worüber ich auch sehr froh bin. Es ist nur so, daß er in
einem speziellen Fall regelmäßig immer doch zum "Problem"
bzw. Pflegefall wird! So daß ich bei Ihnen hiermit anfragen
möchte, ob für diesen Fall Anspruch für mich besteht,
eien zeitweise Pflegekraft für ihn zu bestellen.
Es verhält sich nämlich so: Immer dann, wenn ich über ein
Wochenende oder auch sonst mal für zwei oder drei Tage verreisen möchte zu meiner Schwester oder meinen Schulfreun-
dinnen nach Westfalenh z.B., daß dann mein Mann wenige
Tage zuvor oder, was auch schon vorkam, am Abreisetag
sellbst , über starkes Unwohlsein bis hin zu Schwindel
etc. klagt, so daß ich ihm am Ende oft doch nicht alleine
lassen kann. Sie können sich sicher vorstellen, daß das
im Laufe der Reisevorbereitung nicht gerade angenehm
ist. Da ich weiter plane, hin und wieder zu verreisen,
wäre ich über eine Abhilfe im geschilderten Fall außer-
ordentlich dankbar. Eine Nachbarink meinte, daß für diese
Fall eventuell auch eine kleine Pflegestufe zu beantragen
sei. Wenn ja, bitte ich um Auskünfte/ Antragsformulare.
Mit freundlichen Grüßen   M. Jäger

Mathilde Jägers

Gehnbachstr. 219

66386 St. Ingbert

Burger King Deutschland GmbH

Adenauer Alle 6

30175 Hannover

St. Ingbert, den 25.6.2017

Sehr geehrte Damen und Herren!

Seit einigen Monaten werde ich von "Essen auf Rädern" versorgt, da ich nicht mehr gut zu Fuß bin. Meine Schwester hat den Dienst für mich besorgt, sodaß ich gar nicht groß Mitsprache hatte. Sie legt großen Wert darauf, daß ich viel Gemüse esse, was mir allerdings nicht so gut schmeckt. Darum möchte ich anfragen, ob es möglich ist, bei Ihnen Burger-King-auf-Rädern" zu beziehen. Ich würde mich beim Trinkgeld sicher nicht lumpen lassen. Wichtig wäre, daß meine Schewster von der Sache keinen Wind bekommt, daher müßten sämtliche Verpackungsmaterialien wieder mitgenommen werden. Wenn möglich, würde ich es gerne so einrichten: Montags Chicken Burger, dienstags King Nuggets, mittwochs Cheeseburger, donnerstagsSalat, freitagsFischburger. Am Wochenende esse ich bei meiner Schwester.

Mit freundlichen Grußen

M. Jägers

Mathilde Jägers

Gneiststraße 2

10437 Berlin

Berlin-Glas

Gewerbehof An der Industriebahn 12-16

13088 Berlin

Sehr geehrte Damen und Herren,

ich wende mich mit diesem Schreiben an
Sie, da ich mir die Lösung eines nicht unerheblichn
Problems erhoffe: Ich neige nämlich, wie viele
ältere Menschen, auch im Sommer zum Frieren. Besonders
im Bereich des Gesichtes.Nun brachte mich mein Neffe
auf die Idee, daß Sie eventuell Abhilfe schaffen
könnten, indem ich nämlich statt der normalen
Brillengläser fortan Isolierglas verwende.
Bei meinem Optiker konnte man mir spontan nicht
weiterhelfen, daher wende ich mich nun an Sie
als Hersteller.Bisflang war ich mit meiner
Gleitsichtbrille recht zufrieden, und die Frage wäre,
ob ich mein altes Brillengestell weiterhin verwenden
könnte.Mein Neffe meinte, man müsse die Brille
dann nach den Seiten hin abdichten, ähnlich wie man
das von Pilotenbrillen kennt, da sonst die
wärmende Wirkung zu schnell verloren ginge.
Ich bitte um eine Empfehlung samt Kostenschätzung und
verbleibe mit den besten Grüßen

Mathilde Jägers
Gehnbachstr. 219
66386 St. Ingbert

BERGHAIN OSTGUT GmbH

Rüdersdorfer Str. 70

10243 Berlin

Betr: Anfrage

Sehr geehrte Damen und Herren,

ich bin von meiner Frauengruppe der Katholischen Frauen

unsere Gemeinde beauftragt, den diesjährigen Ausflug

zu organisieren, der uns nach Berlin führen wird vom

9. bis 17. September 2017. Insgesamt werden ca. 25-28

Frauen teilnehmen. Zu unserem Programm gehören traditionell

neben Kirchenbesuchen und -besichtigungen auch Programm-

punkte aus dem säkularen Bereich. Dabei ist es uns

wichtig, auch die neueren Entwicklungen zu erfassen und an

Ihnen teilzuhaben. Nun habe ich durch Pressebrichte ver-

schiedentlich von Ihrem Veranstaltungshaus "Berhain"

"Berghain" gelesen als kulturell herausragender Insti-

tuition. Wir würden diese daher gerne aufsuchen an einem

Sonntagnachmittag, das wäre der 10.9.2017. Allerdings

habe ich erfahren, daß die Wartezeiten bei Ihnen z.T.

sehr lange sein sollen bzw. daß sogar Schlagestehen er-

forderlich ist. Dies ist natürlich einem Großteil der

Gruppe so nicht zuzumuten,. Daher frage ich rechtzeitig

an, daß Sie auf unseren Besuch vorbereitet sind und uns,

wie das in anderen Museen u.ä. auch möglich ist, am

Einlaß insofern helfen, als daß wir gleich eingelassen

werden. Bitte teilen Sie uns fürderhin mit, ob es

möglich ist, für den genannten Termin eine Führung zu
buchen. Nennen Sie mir doch bitte die betreffenden
Kontaktpersonen samt Telefonnummer.

Wenn ich außerdem für unser Reiseprogramm, daß den Damen
in gedruckter Form an die Hand gegeben werden soll,
bereits erfahren dürfte, welche Musikgruppe an diesem
Nachmittag auftritt, wäre ich Ihnen ebenfalls dankbar.

Kaffee und Kuchen werden wird höchst wahrscheinlich
nicht bei Ihnen einnehmen, es sei denn Sie können uns
ein günstiges Angebots unterbreiten.

Das weitere regeln wir auch gerne per Telefon, wenn
Sie mir einen Kontakt mitteilen möchten.

Mit freundlichen Grüßen aus dem Saarland

Mathilde Jägers

Gehnbachstr. 219

66386 St. Ingbert

Seniorenschutzbund "Graue Panther" e.V.

Ostlandweg 5

37075 Göttingen

St. Ingbert, den 27.6.2017

Sehr geehrte Damen und Herren!

Hiermit möchte ich Sie über ein Problem in Kenntnis
setzen, welches uns Ältere in nicht allzu kleiner Zahl
befällt. Ich dachte zuerst auch, ich sei vielleicht ein
Einzelfall, aber inzwischen weiß ich, daß das nicht so ist.
Meinen Freundinnen ergeht es nämlich genauso.: Wir werden
allesamt von unseren Kindern oder Enkeln von deren alten
Handy-Modellen versorgt, wenn diese sich ein neues Modell
zulegen.Das klingt zunächst netter als es ist: Denn wie
soll man, wenn man immer nur das Altmodell (wenn nicht gar
Uraltmodell) besitzt, den Einstieg in die moderne Technik
meistern. Wir hinken praktisch immer ein paar Jahre hinter-
her. Zu allem Überfluß wiurd von uns erwartet, daß wir Alten
uns dann auch noch über diese alten Geräte freuen sollen.
Ich selbst hantiere mit einem i-Phone 4 herum mit kleinem
Bildschirm, während mein Sohn so ein riesengerät hat, auf
dem ich sicher auch viel besser lesen könnte. Wer weiß,
ob ich das Gerät, das er derzeit hat, überhaupt noch "erbe",
es könnte dafür dann auch zu spät sein. Ich habe de facto
gar keine Chance, an so ein flottes Gerät heranzukommen, da
mir die Bestellmöglichkeiten gar nicht zugänglich sind!!
Sicherlich ist Ihnen das Problem auch schon bekannt, bitte
teilen Sie mir doch mit, ob sie es in Ihr Themenspektrum
aufnehmen wollen, dann kann ich Sie mit Fallbeispielen ver-
sorgen. Hochachtungsvoll M. Jägers

Dank

Herzlichen Dank an Hildegard Jäger-Stolz und Horst Stolz, meine Eltern. Sie haben alle Briefe persönlich zur Post gebracht und einen Briefkasten organisiert, in dem alle Antworten Platz fanden. Ohne sie hätte das nicht geklappt!